________________ 님의 소중한 미래를 위해
이 책을 드립니다.

최소한의 환율 공부

최소한의 환율 공부

최소한의 환율 공부

고환율 시대, 내 자산을 지키는 환율 수업

최호영 지음

메이트북스

메이트북스 우리는 책이 독자를 위한 것임을 잊지 않는다.
우리는 독자의 꿈을 사랑하고,
그 꿈이 실현될 수 있는 도구를 세상에 내놓는다.

최소한의 환율 공부

초판 1쇄 발행 2026년 5월 6일 | **지은이** 최호영
펴낸곳 (주)원앤원콘텐츠그룹 | **펴낸이** 강현규·정영훈
등록번호 제301-2006-001호 | **등록일자** 2013년 5월 24일
주소 04607 서울시 중구 다산로 139 랜더스빌딩 5층 | **전화** (02)2234-7117
팩스 (02)2234-1086 | **홈페이지** matebooks.co.kr | **이메일** khg0109@hanmail.net
값 17,500원 | ISBN 979-11-6002-471-5 03320

환율 변동은 불확실성이 아니라,
자본주의가 작동하고 있다는 증거다.

• 앨런 그린스펀(전 미 연준 의장) •

환율을 아는 순간,
당신은 투자의 설계자가 된다

부자가 되는 길은 험난하지만 그 길을 설계하는 법은 의외로 명확하다. 많은 사람이 주식 차트를 분석하고 부동산 입지를 파헤치며 밤을 지새우지만, 정작 자산의 가격을 결정하는 거대한 중력인 환율에는 무관심하다.

필자는 지난 수십 년간 수많은 성공과 실패를 목격하며 단 하나의 결론에 도달했다. 시장에 휘둘리는 구경꾼으로 남을 것인가, 아니면 판을 짜는 설계자가 될 것인가를 결정하는 핵심 무기는 바로 '환율'이다.

개별 종목 분석보다 돈의 이동 경로를 먼저 읽어라

재테크를 공부하는 사람들은 대개 작은 기술에 매몰된다. 유망한 종목이나 오를 지역에만 온 신경을 집중한다. 개별 자산을 분석하는 능력도 물론 중요하다. 하지만 환율이라는 지형을 모른 채 나무만 가꾸는 것은, 폭풍우가 몰아치는 바다에서 배의 바닥만 닦고 있는 것과 같다.

환율은 모든 경제 활동의 기저에 흐르는 거대한 약속이다. 금리와 물가, 국가 간의 힘겨루기가 응축된 이 신호를 읽지 못하면 재산은 언제든 보이지 않는 힘에 끌려 바닥으로 추락할 수 있다.

성공한 자산가들은 결코 뉴스를 뒤쫓지 않는다. 그들은 환율의 미세한 떨림을 통해 돈이 움직이는 경로를 먼저 읽어낸다. 숫자가 요동칠 때 그들은 그것을 재난이 아닌 기회로 받아들인다. 환율을 안다는 것은 단순히 수수료를 아끼는 요령이 아니다.

전 세계 부의 흐름이 어디로 물러나고 어디로 모이는 지를 남보다 먼저 간파하는 지적인 선점이다. 이 책은 당신을 지엽적인 입장에서 거시적인 설계자로 진화시 키기 위해 집필되었다.

원화에만 갇힌 재산을 달러라는 안전판으로 보호하라

성실하게 일하고 원화만 저축하는 것이 최고의 미덕 인 시대는 끝났다. 환율 1,500원을 오르내리는 시기에 원화만 고집하는 것은 스스로를 경제적 감옥에 가두는 일과 같다. 당신이 잠든 사이에도 세계 시장은 쉼 없이 돌아가며 당신의 구매력을 갉아먹는다.

부의 대물림은 잔고를 넘겨주는 것이 아니라 세상을 읽는 안목을 물려주는 것이다. 돈은 시스템의 변화에 따라 사라질 수 있지만, 흐름을 읽는 능력은 대를 이어 부를 일구는 영구적인 엔진이다.

환율 공부는 단순히 이익을 높이는 수단이 아니라, 내

가족의 생존을 책임지는 실질적인 방책이다. 경제 위기가 닥칠 때마다 서민들이 먼저 무너지는 이유는 게을러서가 아니다. 거대한 파도가 덮칠 때 대피할 구명보트, 즉 달러라는 안전판을 마련하지 못했기 때문이다.

이 책은 당신의 가정에 단단한 경제적 울타리를 세워 줄 것이다. 환율을 이해하는 순간, 당신은 막연한 불안감에서 벗어나 확신에 찬 투자자로 거듭날 수 있다.

일상적인 지표 확인으로 부의 길목을 선점하라

필자는 이 책이 당신의 서재 한구석을 차지하는 장식품이 되기를 원치 않는다. 매일 아침 지표를 확인하고, 변곡점에서 담대하게 자산을 재배분하는 실전 지침서가 되길 바란다.

환율은 정직하다. 국가의 기초 체력과 신뢰도를 숫자로 가감 없이 보여준다. 이 정직한 신호를 무시하고, 운에 맡기는 투자를 반복할 것인가? 아니면 숫자의 이면을 뚫어보고, 부의 길목을 지킬 것인가? 선택은 당신의 몫이다.

공부의 시작은 어렵게 느껴질 수 있지만 본질은 단순하다. 강한 화폐로 돈이 쏠리고, 약한 화폐에서 돈이 탈출한다는 원리만 이해해도, 당신은 이미 상위 1%의 시각을 갖게 된다.

이 책을 마지막까지 정독하고 나면, 당신은 더 이상 헤드라인에 일희일비하지 않게 된다. 오히려 혼란 속에서 남들이 보지 못하는 수익의 기회를 포착하며 평온을 유지하게 될 것이다.

이제 설계도의 첫 장을 펼치자. 당신의 재산을 지키고 키워줄 강력한 무기는 이미 당신 손에 쥐어져 있다. 당신의 지적인 도약을 진심으로 응원한다.

환율 1,500원 시대,
공포를 수익으로 바꾸는 역발상의 힘

환율 1,500원. 이 숫자는 대한민국 경제사에서 단순한 통계 그 이상을 의미한다. 누군가에게는 과거 외환위기의 고통을 깨우는 비명이겠지만, 준비된 이에게는 인생의 체급을 바꿀 거대한 기회의 신호다.

대중이 불안에 떨며 지갑을 닫을 때, 부의 설계자들은 조용히 환율이라는 렌즈를 닦으며 다음 목적지를 정한다. 지금 필요한 것은 막연한 낙관이 아니라, 공포의 이면을 뚫어보고, 이를 이득으로 바꾸는 역발상이다.

우리는 이제 환율이 전문가만의 영역이 아님을 인정해야 한다. 환율은 식탁 위의 물가부터 은퇴 자금의 가치까지 결정하는 가장 강력한 중력이다. 1,500원이라는 선은 익숙했던 경제적 안락함이 끝났음을 알리는 경보이자, 새로운 부의 질서가 만들어지고 있다는 증거다.

이 파도에 휩쓸려 마비될 것인가, 아니면 이를 발판 삼아 도약할 것인가? 이 책은 안개에 가려진 진실을 들추어, 위기가 닥칠 때 오히려 그 흐름을 타고 가장 멀리 나아가는 기술을 전한다.

성실한 노동이 재산을 지켜주지 못하는 시대의 생존법

평생 성실히 일하고 원화만 차곡차곡 모으면 노후가 보장된다는 믿음은 이제 위험한 착각이다. 부모님 세대에는 정답이었을지 모르나, 지금은 그 성실함이 오히려 독이 될 수 있다.

당신이 평온하게 잠든 사이에도 세계 자본 시장은 쉼

없이 돌아간다. 환율이 요동치면 당신의 1억 원은 글로벌 시장에서 순식간에 7,000만 원짜리 조각으로 쪼그라든다. 이는 당신의 노력이 부족해서가 아니라, 원화라는 울타리에 갇혀 '돈의 몸값' 변화를 방치한 결과다.

대한민국의 경제 구조상 환율 급등은 구매력의 붕괴를 뜻한다. 에너지와 자원을 달러로 사와야 하는 나라에서 환율이 오른다는 것은, 숨만 쉬어도 나가는 생존 비용이 불어난다는 의미다.

위기의 정점에서 부의 추월차선을 타는 달러의 마법

이제 재테크는 수익률 몇 퍼센트를 더 올리는 게임이 아니다. 내 재산의 실질적 가치를 지켜내는 '마지막 방어선'이다. 환율을 모른 채 주식과 부동산을 논하는 것은 구멍 난 바구니에 물을 채우는 것과 같다.

환율이 폭발하는 위기의 순간, 세상의 모든 자산 가격은 다시 매겨진다. 시장이 공포에 질려 주식을 내던지고 부동산이 얼어붙을 때, 역설적으로 가치가 솟구치며 독보적인 위상을 떨치는 것이 바로 달러다.

평소에 달러라는 구명보트를 마련해둔 사람에게 폭풍우는 두려움이 아니다. 오히려 남들이 투매한 우량 자산을 헐값에 거둬들일 수 있는 절호의 기회다.

1,500원이라는 숫자에 결코 압도되지 마라. 우리는 숫자의 높이가 아니라 그 뒤에 숨은 돈의 이동 경로를 읽어야 한다. 환율은 영원히 오르지도, 영원히 내리지도 않는다.

모두가 절망을 말할 때가 바로 흐름이 바뀌는 변곡점이다. 이때 달러라는 날카로운 창을 던져 주식과 부동산이라는 견고한 자산을 취하는 자가 부의 사다리 꼭대기에 올라선다. 이제 공포를 확신으로 바꾸는 역발상의 여정을 시작하자.

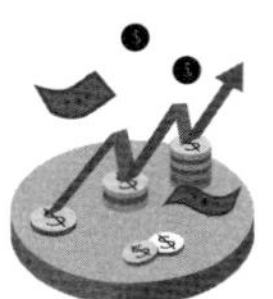

차례

1장 환율은 어떻게 내 자산의 운명을 결정하나?

2장 달러 패권의 연대기
- 무너지지 않는 성벽의 비밀과 균열

3장 — **총성 없는 전쟁**
- 누가 새로운 패권을 쥐는가?

환율은 한 나라의 경제적 신뢰도를 투영하는 '돈의 성적표'다. 환율 상승은 곧 원화의 구매력 하락을 의미하며, 이는 수입 의존도가 높은 한국 경제 구조에서 자산 가치의 실질적인 위축을 초래한다.

환율을 움직이는 근본적인 원리는 시장의 수요와 공급이다. 특히 금리는 자본을 끌어당기는 자석과 같아서, 전 세계 유동성의 흐름을 주도하며 통화 가치를 결정하는 핵심 변수로 작용한다.

단기적으로는 금리와 경기 변화에 따른 공포와 탐욕이 환율을 흔들지만, 장기적으로는 물가가 화폐의 기초 체력을 시험하며 환율의 향방을 결정한다. 나아가 인구 구조는 국가의 성장 잠재력을 좌우해 환율의 변화를 만들어내는 느리지만 강력한 압력이 된다.

결국 환율 공부는 변화무쌍한 경제 기상도 속에서 내 자산을 지키기 위한 생존 전략이다. 금리가 움직이는 경로와 인구가 만드는 장기 추세를 입체적으로 읽어낼 때, 비로소 부의 기회를 선점할 수 있는 안목이 열린다.

1장

환율은 어떻게
내 자산의 운명을 결정하나?

# 환율은 국가 간 힘의 균형을 보여주는 '돈의 성적표'다

환율은 돈의 가격이 아니라, 국가의 힘을 보여주는 숫자다. 전 세계가 매일 참여하는 이 거대한 인기 투표는 내 지갑 속 돈의 가치를 실시간으로 결정한다. 환율을 모르면 내 돈을 지킬 수 없으며, 환율을 읽는 순간 부의 흐름이 보이기 시작한다.

환율은 한 나라의 경제력이 매일 평가받는 점수다. 우리는 물건의 가격은 꼼꼼히 따지지만, 정작 그 물건을 사는 '돈의 가격'은 생각하지 않는다.

편의점 삼각김밥과 버스 요금에는 민감하면서, 지갑 속 만 원권의 가치가 세계 시장에서 어떻게 변하고 있는지는 무관심하다. 환율은 단순히 숫자의 나열이 아니라, 전 세계 사람들이 어느 나라 경제를 더 신뢰하는지 투영하는 가장 정직한 지표다.

환율의 본질은 명확하다. 바로 '우리나라 돈과 다른 나라 돈을 바꿀 때 적용되는 비율'이다. 은행 창구에서 달러를 환전할 때 전광판의 숫자는 매초 요동친다. 어떤 날은 1달러를 얻기 위해 1,300원을 내면 되지만, 어떤 날은 1,400원을 지불해야 한다.

이는 1달러라는 미국 돈을 사기 위한 비용이 이전보다 비싸졌음을 의미한다. 즉 환율은 국경을 넘어 거래되는 돈의 몸값이다.

돈의 가격은 해당 국가의 경제 체력에 따라 출렁인다. 전 세계 자본이 달러를 사고 싶어 하는 수요가 많아지면 달러 가격인 환율은 상승 압력을 받는다. 반대로 한국 기업이 만든 제품이 전 세계에서 활발하게 팔려 외국인이 원화를 많이 찾으면, 우리 돈의 가치가 올라가고 환율은 하락한다. 환율은 전 세계가 매일 하는 돈의 인기 투표다.

환율 움직임을 관찰하면 전 세계 자금의 흐름이 어느 쪽으로 쏠리는지 파악할 수 있다. 투자자들은 경제가

불안하거나 미국의 금리가 높아 수익성이 좋다고 판단
될 때 안전한 달러로 몰린다.

돈의 몸값은 글로벌 인기 투표로 정해진다

환율은 국가 간 경제적 힘의 균형을 보여주는 역동적
인 성적표다. 만약 환율이 지속적으로 오른다면, 이는
투자자들이 상대적으로 우리 경제보다 달러를 더 선호
하고 있다는 신호다.

우리가 흔히 사용하는 '고환율'이나 '저환율'이라는
표현도 결국 상대적인 힘의 크기를 의미한다. 달러의
힘이 강해지면 원화의 힘은 약해지며, 이를 '환율이 올
랐다'고 표현한다. 마치 시소의 한쪽이 올라가면 다른
쪽이 내려가는 원리와 유사하다.

수많은 국가와 투자자가 매 순간 자산을 지키기 위해
더 안전하고 수익성 높은 돈을 찾아 이동하며, 그 이동
의 흔적은 환율이라는 숫자로 남는다.

이 성적표를 읽지 못하면 자산 관리의 방향을 잡을 수 없다. 환율은 단순히 외환 딜러나 대기업만의 전유물이 아니다. 내 예금과 주식, 부동산의 가치가 글로벌 시장에서 어떤 대우를 받는지 판가름하는 잣대가 바로 환율이기 때문이다.

돈의 몸값이 변하는 원인을 이해하는 순간, 당신은 비로소 세상의 흐름에 올라탈 자격을 갖게 된다.

환율이 오르면 당신의 돈은, 같은 돈이 아니다

달러를 직접 쓰지 않더라도 환율은 당신의 월급 가치를 실시간으로 바꾼다. 환율 변동은 우리가 잠자는 사이에도 지갑 속 돈의 실질 가치를 변화시킨다.

대한민국은 에너지와 식재료 원료 등을 대부분 외국에서 수입하는 구조다. 중요한 점은 이런 원재료를 살 때 우리 돈인 원화가 아닌, 세계 공용어인 달러로 결제한다는 사실이다.

미국 시장에서 1달러인 밀가루를 수입한다고 가정해 보자. 환율이 1,000원일 때 수입업자는 1,000원만 내면 밀가루를 들여올 수 있었다. 하지만 환율이 1,500원으로 뛰면 상황은 달라진다. 밀가루 값은 현지에서 여전히 1달러지만, 수입업자는 이제 500원을 더 얹어서 1,500원을 내야 한다. 똑같은 물건을 사는데 이전보다 더 많은 비용을 지출하게 된 것이다.

환율이 오르면 당신의 돈은 이전과 같은 가치가 아니다. 내 소득은 그대로인데 물건 값이 오르면 결과적으로 내가 가진 돈의 구매력이 하락한 것이나 다름없다. 이것이 환율 변동이 물가에 영향을 미치는 기본 원리다.

장기적으로 환율 상승은 개인의 실질적인 부를 위축시키는 중요한 요인이 된다. 환율이 요동치면 기업은 가격 전략을 세우기 어려워지고 개인은 소비 계획에 혼란을 겪는다.

결국 환율 공부는 내 자산의 가치를 지키는 생존 전략이다. 환율을 모른 채 재테크를 논하는 것은 구멍 난

바구니에 물을 채우는 것과 같다. 환율은 선택이 아니라, 생존을 위한 기본 지식이다.

환율을 읽는 눈을 갖추는 것은 변화하는 경제 환경에서 나를 보호할 가장 강력한 무기를 갖추는 과정이다. 이제 당신의 지갑을 지키고, 부의 기회를 선점할 환율 여행을 본격적으로 시작해보자.

수요와 공급, 무엇이 달러의 몸값을 결정하는가

달러도 하나의 상품이며, 환율은 그 가격표다. 전 세계가 안전과 수익을 위해 달러를 찾으면 몸값은 치솟고, 시장에 달러가 흔해지면 가치는 하락한다. 수요가 강하면 오르고 공급이 많으면 내리는 이 단순한 원리가 환율의 모든 것을 결정한다.

환율은 결국 수요와 공급으로 결정된다. 시장에서 떡볶이 가격이 정해지는 원리와 똑같다. 사려는 사람이 많으면 가격은 오르고, 팔 물건이 흔하면 가격은 내려간다. 돈의 가격인 환율도 마찬가지다. 달러도 주식처럼 사고파는 '상품'이며, 환율은 달러라는 상품의 이름표에 붙은 가격일 뿐이다.

우리가 은행에서 환전하는 행위는 우리 돈을 지불하고 달러라는 상품을 사는 '쇼핑'과 같다. 투자자들이 한국 원화보다 미국 달러를 매력적이라고 판단해 사들이기 시작하면 달러의 가격표인 환율은 자연스럽게 올라간다. 환율은 결국 달러를 사려는 힘과 팔려는 힘의 싸움이다.

이 단순한 원리가 전 세계 외환시장에서 24시간 실시간으로 반복되며 경제의 수위를 조절한다.

달러 수요는 세 가지 흐름에서 나온다

사람들이 왜 달러라는 상품을 그토록 원하는지 이해하면 환율의 길이 보인다. 달러 수요를 결정짓는 핵심 엔진은 다음 세 가지다.

• 안전(위기)

세계 경제가 불안해지면 투자자들은 본능적으로 가장 믿음직한 달러로 대피한다. 위험할수록 달러가 더욱 귀해지는 이유다.

• 수익(금리)

미국 금리가 한국보다 높으면 이자를 더 받기 위해 자금
이 이동한다. 돈은 항상 수익이 높은 곳으로 흐른다.

• 거래(무역)

기업이 에너지나 원자재를 수입할 때 결제 대금으로 달
러를 사용한다. 수입 물량이 많아질수록 시장의 달러는 부
족해진다.

이 세 가지 힘이 강해질수록 환율은 위를 향한다. 전
세계 자산가와 중앙은행, 글로벌 기업들이 금리와 리스
크를 고려해 내리는 결정들이 모여 달러의 몸값을 만든
다. 환율은 단순히 경제가 좋고 나쁨을 넘어, 이 복합적
인 수요의 합계가 시장에 투영된 결과물이다.

반대로 시장에 달러가 얼마나 풀리는지도 환율을 결
정하는 핵심 축이다. 미국 중앙은행이 수도꼭지를 열어
시중에 달러 공급량을 늘리면 달러의 희소성은 낮아진
다. 시장에 물건이 흔해지면 가치가 떨어지듯, 달러 공

급이 과잉되면 가치는 하락하고 환율은 내려가는 흐름을 보인다. 달러의 가치는 미국 경제 정책이라는 공급량 조절에 달려 있다.

시장에 유입되는 달러의 양과 공급의 법칙

우리 기업들의 수출 실적 역시 달러 공급의 핵심 젖줄이다. 반도체나 자동차를 팔아 외국에서 많은 달러를 벌어오면 외환시장에 달러 공급이 풍부해진다. 수출이 원활할 때 환율이 안정되거나 하락 압력을 받는 배경에는 이러한 공급의 원리가 숨어 있다. 해외 투자자들이 한국 시장의 성장성을 보고 가져오는 자본 역시 시장에 달러를 풀어 환율을 진정시키는 역할을 한다.

다만, 수요와 공급의 원리가 기계적으로 환율을 결정하는 것은 아니다. 관광객의 증감이나 정부의 외환 정책 등 수많은 변수가 복합적으로 작용해 최종적인 수위가 형성된다.

　수많은 작은 흐름이 모여 환율이라는 거대한 수위를 결정하며, 이 수위는 매 순간 전 세계 경제의 변화를 반영하며 조절된다.

　결국 환율을 읽는다는 것은 '수요라는 끌어당기는 힘'과 '공급이라는 밀어내는 힘'의 크기를 비교하는 과정이다. 수요가 강하면 오르고, 공급이 많으면 내려간다. 환율은 이 단순한 원리를 무한히 반복한다.

　이 두 힘의 균형점을 찾는 안목을 갖추기 시작하면, 환율은 더 이상 막연한 숫자가 아닌 살아 움직이는 경제의 생동감 넘치는 원리로 다가올 것이다.

 # 금리는 자본을 움직이는 가장 강력한 유인책이다

돈은 금리를 따라 움직이고, 환율은 그 이동의 결과다. 금리는 자본을 끌어당기는 자석이며, 전 세계 거대 자본은 0.1%라도 더 높은 수익을 좇아 이동한다. 금리를 읽으면 돈의 방향이 보이고, 돈의 방향을 알면 환율이 보인다.

금리는 돈을 움직이는 가장 강력한 힘이다. 세상의 모든 돈은 항상 더 높은 이자를 향해 이동한다. 금리는 남의 돈을 빌려 쓴 대가인 동시에, 투자자 입장에서는 내 돈을 맡겼을 때 기대할 수 있는 수익률이다. 금리는 자본을 끌어당기는 자석과 같아서, 금리가 높을수록 전 세계의 돈은 그 나라로 빨려 들어간다.

국가 간의 자금 흐름은, 이 수익률의 격차에서 시작된다. A국 은행은 이자를 1% 주는데 B국은 5%를 준다면,

글로벌 자금은 수익을 극대화하기 위해 B국으로 쏠린다. 금리의 차이는 환율 변화를 유도하는 핵심이다.

금리는 자본을 움직이는 '보이지 않는 유인책'이며, 이 유인책에 반응해 수조 원의 글로벌 자금이 국경을 넘나든다. 우리가 미국 중앙은행(Fed)의 결정에 온 신경을 집중하는 이유도 자금의 흐름이 환율에 미치는 영향이 절대적이기 때문이다.

높은 금리가 만드는 달러 수요의 변화

미국이 금리를 올린다는 소식이 들리면 전 세계 외환시장은 즉각 반응한다. 달러 자산을 보유했을 때 이전보다 더 많은 이자를 기대할 수 있기 때문이다. 글로벌 투자자들은 수익성이 낮아진 다른 국가의 자산을 매각하고 달러를 확보하려 든다.

금리 인상은 달러라는 자석에 강력한 전기를 공급해 끌어당기는 힘을 키우는 것과 같다. 자석의 힘이 강해질수록 시장에 풀려 있던 달러는 미국 시장으로 빠르게 흡수된다.

반대로 우리나라가 금리를 올릴 경우, 한국 금융기관에 돈을 맡겼을 때의 수익성이 매력적으로 변한다. 이때는 외국인 투자자들이 달러를 들여와 원화로 환전하려는 유인이 생긴다.

금리가 오르면 돈이 들어오고 환율은 내려가며, 금리가 낮으면 돈이 빠져나가고 환율은 오른다. 금리는 이처럼 국가 간의 자금 흐름을 조절하는 거대한 밸브와 같은 역할을 수행한다.

금리는 단순히 결정된 숫자가 아니라 돈의 '상대적인 중력'을 결정하는 요소다. 중력이 더 강한 곳으로 물체가 끌려가듯, 상대적으로 금리가 높은 국가로 전 세계의 돈이 쏟아져 들어온다.

환율의 향방을 가늠하고 싶다면 각 나라의 금리 격차가 어느 방향으로 벌어지고 있는지 살펴야 한다. 이것이 거시 경제의 흐름을 읽는 가장 명확한 지름길이다.

자본 이동이 환율에 미치는 복합적 영향

금리 차이로 인해 대규모 자본이 국경을 넘기 시작하면 국가 경제 전체에 연쇄 반응이 일어난다. 미국 금리가 한국보다 월등히 높아져 국내 자금이 대거 유출될 경우, 우리 외환시장은 달러 공급 부족 상황에 직면한다. 이 공급 불균형은 환율을 밀어 올리고, 수입 물가 상승이라는 부메랑이 되어 우리 식탁 물가를 위협한다.

중앙은행의 고민도 깊어진다. 자금 유출을 막고 환율을 방어하기 위해 우리도 금리를 따라 올려야 할 필요가 생기지만, 이는 동시에 대출을 받은 가계나 기업의 이자 부담을 키우는 결과로 이어지기 때문이다.

금리와 환율, 그리고 내수 경기는 하나를 선택하면 다른 하나가 영향을 받는 복합적인 사슬 구조로 얽혀 있다. 금리가 자본을 움직이고, 그 결과가 환율로 나타나며, 다시 우리 삶 전반에 파급력을 미치는 셈이다.

투자자에게 금리는 자산의 향방을 결정하는 중요한

나침반이다. 개별 종목의 상황도 중요하지만, 국가 간 금리 격차가 크게 벌어져 발생하는 환율 변동성은 투자 수익 전체를 좌우하는 결정적인 변수가 된다.

시장의 고수들이 주가 지수만큼이나 미국의 기준금리 발표에 주목하는 이유다. 금리는 돈의 흐름을 결정하는 원초적인 힘이며, 환율은 그 자금 이동이 시장에 나타난 결과물이다.

"환율을 보려면 금리를 먼저 보라." 이 원칙을 기억하라. 금리라는 유인책이 전 세계 자본을 어느 쪽으로 이끌고 있는지 면밀히 관찰해야 한다. 이러한 변수들을 읽어내는 능력이 급변하는 경제 환경에서 내 자산을 지키는 가장 날카로운 도구가 될 것이다.

# 물가 상승은 통화 가치를 서서히 깎아내린다

물가는 내 돈의 가치가 얼마나 빨리 사라지는지를 보여주는 지표다. 우리나라 물가가 다른 나라보다 계속 오르면 우리 돈의 힘은 약해지고, 환율은 자연스럽게 올라가게 된다. 긴 시간이 지나면 환율은 물가가 가리키는 방향을 따라 움직인다.

물가는 화폐의 힘이 얼마나 약해지고 있는지를 보여주는 지표다. 우리는 보통 물가가 올랐다고 하면 사과나 달걀 값이 비싸진 상황만 떠올리지만, 환율을 공부하는 관점에서는 '내가 가진 돈의 가치가 떨어졌다'는 신호로 읽어야 한다. 1,000원이던 아이스크림이 2,000원이 되었다면 내 주머니 속 1,000원의 힘은 반 토막 난 셈이다. 물가가 오르면 돈의 가치는 떨어진다.

물가와 화폐 가치는 반대로 움직이는 시소와 같다. 물

건 값이 비싸질수록 화폐 자체의 가치는 낮아질 수밖에 없다. 이러한 현상이 국내에서 지속되면 우리 돈은 외국 돈에 비해 매력이 떨어진다. 물론 환율은 금리 차이나 거대 자본의 이동에 의해 단기적으로 급변한다.

따라서 물가는 당장의 환율을 움직이는 주연이라기보다, 화폐의 실질적인 힘이 어디로 향하는지 보여주는 조연으로 이해하는 것이 효과적이다. 환율이라는 외부 숫자 이면에는 각국 물가가 보여주는 '상대적인 기초 체력'이 서서히 작용하고 있다.

장기적 관점에서 바라본 구매력의 원리

환율 이론 중에는 '구매력 평가(PPP)'라는 개념이 있다. 두 나라 사이의 환율은 각국 돈이 가진 실제 물건 구매력에 의해 결정된다는 원리다. 핵심은 간단하다. 물가가 높은 나라는 통화 가치가 약해진다.

이는 매일의 변동을 설명하기보다, 수년 이상의 긴 시

간 동안 환율이 어느 지점으로 수렴하는지를 보여준다. 물가는 돈의 '실질적인 몸값'을 가늠하는 보이지 않는 잣대다.

만약 한국의 물가 상승률이 미국의 상승률을 오랫동안 웃돈다면, 한국 돈의 가치는 달러에 비해 서서히 하락할 확률이 높다.

투자자는 자산 가치가 안정적인 곳을 선호하므로, 물가가 불안정해 통화 가치가 계속 깎이는 국가의 화폐를 기피하기 때문이다. 장기적으로는 물가 수준이 안정된 국가의 통화가 세계 시장에서 구매력을 인정받으며 강세를 유지하게 된다.

상대적인 가격 차이는 무역 경쟁력에도 영향을 미친다. 국내 물가가 높으면 제품 생산 비용이 비싸지고, 이는 수출 상품의 가격 경쟁력을 약화시킨다. 수출이 둔화되어 국내 유입 외화가 줄어들면 외환 시장의 공급 부족으로 환율이 추가 상승하는 환경이 조성된다. 결국 낮은 물가를 유지하는 것이 환율 안정을 꾀할 수 있는 가장 튼튼한 밑바탕이다.

물가와 환율은 서로 영향을 주고받는 사슬 구조다. 물가 상승이 환율 상승으로 이어지면, 수입하는 원자재의 원화 환산 가격이 다시 비싸지는 악순환에 빠질 수 있다.

비싸게 들여온 원재료는 다시 국내 제품 가격을 밀어올리는 원인이 된다. 다만 이 전가 과정이 얼마나 강력한지는 당시의 경기 상황이나 산업 구조에 따라 차이가 발생한다.

물가와 환율의 복합적인 상호작용

현대 경제에서 환율은 물가보다 금리 차이에 따른 자본 이동에 더 민감하게 반응한다. 물가가 안정되어 있어도 금리 차가 벌어지면 자본이 빠져나가며 환율이 변동할 수 있기 때문이다.

따라서 물가는 환율을 결정하는 절대적 원인이 아니라, 금리와 자금 흐름이라는 거대한 파도 아래를 흐르는 '심층 해류'와 같은 변수로 파악해야 한다.

개인 투자자에게 각국의 상대적 물가 흐름은 자산 배분의 힌트다. 자산 상승분이 물가 상승률보다 낮다면 실질 자산은 줄어들고 있는 것이다. 이때 환율까지 오른다면 달러 대비 가치는 더 빠르게 위축된다.

물가는 환율이라는 건물을 지탱하는 보이지 않는 기초 공사와 같다. 우리나라 물가가 주요 교역국과 비교해 얼마나 안정적인지 살피는 안목이 필요한 이유다.

"물가는 돈의 가치를 깎는 속도이며, 환율은 결국 물가를 따라 움직인다." 장기적인 물가 수준이 안정되어야 화폐의 구매력이 바로 서고, 환율 지표도 신뢰의 토대를 마련할 수 있다.

단순히 매일 변하는 수치에 일희일비하지 마라. 대신 경제의 근본적인 체력인 물가 지표를 통해 내 자산의 실질적인 힘을 지키는 장기 전략을 세워야 한다.

경기 변화는 금리와 자본을 통해 환율을 움직인다

경기는 환율을 직접 움직이지 않는다. 대신 금리와 자본을 조종해 환율을 바꾼다. 평소에는 금리가 돈을 움직이고, 위기 때는 공포가 돈을 움직인다. 환율은 경기의 결과가 아니라, 경기 속에서 이동한 자본의 흔적이다.

경기는 자본의 대피와 도전을 결정짓는 신호다. 세계 경제는 항상 맑을 수만은 없다. 폭풍우가 치는 불황이 찾아오면 전 세계 자금은 수익보다 생존을 우선시한다. 위기가 오면 사람들은 수익보다 생존을 선택하며, 이때 가장 믿음직한 대피소인 달러로 몰려든다. 우리는 뉴스 속 경기 전망을 통해 자본의 대이동을 예고하는 기상도를 읽어내야 한다.

이러한 현상을 '안전 자산 선호'라고 부른다. 폭풍우

가 몰아칠 때 튼튼한 건물 안으로 몸을 피하는 것과 같다. 달러는 전 세계 어디서나 통용되는 기축통화이기에 위기 상황에서 가장 먼저 선택받는다.

달러는 항상 안전한 것이 아니라, 대부분의 위기에서 선택되는 통화다. 경기는 금리와 자본 이동의 흐름을 가속화하거나 역전시키는 거대한 배경 역할을 수행한다.

불황 심리와 급증하는 달러 수요

글로벌 경기에 불황의 그림자가 드리우면 투자자의 행동 양식은 급변한다. 주식이나 신흥국 자산에서 돈을 빼 달러로 바꾸려는 수요가 폭발하기 때문이다. 이 심리적 쏠림은 외환 시장에서 달러 사자 세력을 키우며 환율을 밀어 올린다.

평소에는 금리가 돈을 움직이고, 위기 때는 공포가 돈을 움직인다. 위기 상황에서는 0.1%의 이자 수익보다 원금의 안전성이 자본 이동의 절대적 기준이 된다.

특히 우리나라 같은 수출 주도형 국가는 세계 경기 변화에 매우 민감하다. 글로벌 소비가 줄어 수출이 둔화될 것이라는 우려가 확산되면, 외국인 투자자는 국내 시장에서 자금을 회수해 달러로 갈아탄다.

수출 둔화 우려는 그 자체로 환율 상승의 도화선이 된다. 경기가 어두워지면 달러는 가장 강력한 방어기제가 되어 몸값을 올린다.

다만 위기의 진원지가 미국 자체이거나 미국 시스템에 대한 신뢰가 흔들리는 특수한 상황이라면 달러 역시 약해질 수 있다. 따라서 대부분의 위기에서 달러가 선호된다는 점을 기억하자.

하지만 위기의 성격을 면밀히 따지는 안목이 필요하다. 환율은 단순히 경제 상황의 반영이 아니라 수많은 공포와 신뢰가 얽힌 심리의 합계다.

반대로 세계 경기가 회복세에 접어들면 환율 흐름은 다시 뒤집힌다. 불확실성이 해소되면 투자자는 안전한 달러 대피소에서 나와 더 높은 수익을 기대할 수 있는 곳으로 시선을 돌린다.

한국처럼 성장성이 높은 시장에 다시 자금이 유입되며, 달러를 팔고 원화를 사려는 수요가 발생한다. 경기가 좋아지면 위험을 감수하려는 심리가 살아나고, 이는 달러의 힘을 약화시키는 요인이 된다.

경기 회복과 자본의 이동 경로

시장에 달러 공급과 수요의 균형이 맞춰지면서 환율은 점차 하향 안정화된다. 특정 조건 하에서 우리의 경기 회복이 상대국보다 빠르다면, 우리 통화의 매력도는 더욱 높아진다.

수출이 활발해져 달러 유입이 원활해지고 외국인 투자 자금까지 더해진다면, 환율은 견조한 하락 추세를 보인다. 경기는 금리와 자본 이동이라는 경로를 통해 환율이라는 결과물을 만들어내는 핵심 변수다.

개인 투자자에게 경기 국면 파악은 환율 공부의 실전

이다. 경기가 호황에서 불황으로 넘어가는 변곡점에서는 달러 비중을 조절해 자산 가치 하락을 방어해야 한다. 반대로 경기 회복이 가시화되는 시점에는 환율 하락 리스크를 관리하며 수익성 높은 자산으로 눈을 돌리는 지혜가 필요하다.

경기를 읽을 수 있으면 금리를 이해할 수 있고, 금리를 이해할 수 있으면 환율이 보인다.

"경기는 방향을 만들고, 그에 따라 자본은 움직이며, 환율은 그 결과로 나타난다." 배경이 어두워지면 자본은 안전한 곳으로 숨고, 배경이 밝아지면 무대 중앙으로 쏟아져 나온다.

단순히 숫자상의 금리나 물가에만 매몰되지 마라. 대신 전 세계 경제의 '기류'를 살펴야 한다. 경기의 흐름이 자금 이동에 어떤 영향을 주는지 읽어내는 능력이 무엇보다 중요하다.

# 인구 구조와 환율, 고령화가 만드는 보이지 않는 압력

인구 구조는 돈의 힘을 결정하는 가장 느리지만 강력한 변수다. 인구는 성장률을 만들고, 성장률은 금리를 만들며, 금리는 환율을 움직인다. 금리는 환율을 흔들고, 인구는 환율의 길을 만든다. 이런 흐름을 읽어야 내 자산의 구매력을 지킬 수 있다.

경제는 결국 사람의 숫자와 생산성으로 움직인다. 물건을 만들고 기술을 혁신하며 소비를 주도하는 주체가 사람이기 때문이다. 우리나라는 세계적으로 유례가 드문 속도로 고령화가 진행 중이며, 이는 단순한 사회 문제를 넘어 원화 가치를 결정하는 장기적인 핵심 변수로 작용한다. 인구 구조는 우리 돈의 기초 체력을 판가름하는 가장 정직한 지표다.

환율은 매일 변하는 날씨와 같지만, 인구는 환율의

'계절'을 결정한다. 젊은 층이 많을 때는 활기찬 경제가 높은 금리와 투자 기회를 창출하며 해외 자본을 유인한다. 반대로 일할 사람이 줄면 성장판이 닫히며 통화 가치 또한 하락 압력을 받는다.

우리는 인구라는 거대한 흐름이 자본의 경로를 어떻게 바꾸는지 읽어내야 한다.

성장과 금리 경로를 통한 자본의 이동

고령화가 환율에 영향을 주는 핵심 공식은 명확하다. 인구 감소는 성장 둔화로, 성장 둔화는 금리 하락으로 이어지며, 결국 자본 유출을 불러온다. 돈은 언제나 더 높은 수익을 찾아 움직이기 때문이다.

성장성이 낮아진 시장에서 자본이 유출되어 유망한 국가로 이동한다면, 환율은 치솟을 수밖에 없다. 인구는 환율의 방향을 결정하는 중요한 변수 중 하나다.

또한 인구 구조 변화는 저축과 소비의 패턴을 바꾼다.

국가 전체의 자본 축적이 줄고 경제 활력이 떨어진다면, 해외 투자자는 해당 시장의 매력을 낮게 평가해 자금을 회수한다.

인구 구조는 자본을 끌어당기는 자석의 힘을 결정하는 변수다. 인구가 줄어드는 국가의 통화는 장기적으로 세계 시장에서 소외될 위험을 안고 있다.

흔히 일본의 사례를 들어 고령화가 곧 통화 약세를 만든다고 생각하기 쉽다. 하지만 엔저 현상은 인구 외에도 초저금리 정책이 복합적으로 작용한 결과다. 독일처럼 고령화가 심화되었음에도 강력한 기술 경쟁력으로 통화 강세를 유지하는 국가도 존재한다.

인구 감소를 기술이 보완하면 통화 가치는 유지될 수 있다. 인구 지표는 환율의 방향을 가리키는 나침반일 뿐, 기술 혁신에 따라 그 결과는 달라질 수 있다.

사회가 늙어갈수록 개인은 자신의 자산 가치가 통화 가치 하락에 의해 깎이지 않도록 대비해야 한다. 국가의 기초 체력이 약해져 원화의 상대적 구매력이 하락할 여지가 있다면, 자산 일부를 성장성이 높은 국가의 통화나 안전 자산인 달러로 분산하는 것이 현명하다.

고령화 시대, 자산을 지키는 환율 전략

내가 은퇴할 시점에 우리 돈의 가치가 지금보다 떨어져 있다면, 열심히 모은 노후 자금의 힘은 기대에 미치지 못할 것이다.

특히 연금처럼 긴 시간 보유해야 하는 자산일수록 인구 구조가 만드는 장기 추세를 무시해서는 안 된다. 환율은 내 자산이 미래 세계 시장에서 어느 정도의 가치를 발휘할지 결정하는 핵심 변수다.

겨울이 올 것을 미리 안다면 따뜻한 옷을 준비하듯, 고령화라는 배경에 맞춰 외화 자산에 대한 안목을 키워야 한다. 인구는 환율의 방향을 바꾸지 않지만, 장기적인 흐름을 결정한다.

물론 인구 구조라는 위기는 새로운 기회가 되기도 한

다. 인력 부족을 해결하기 위한 AI 기술 혁신이 성공하거나 기업들이 압도적인 경쟁력을 확보한다면 환율은 오히려 안정될 수 있다.

따라서 인구 지표를 볼 때는 단순한 숫자의 감소뿐만 아니라, 그 국가가 변화에 어떻게 대응하고 있는지도 함께 살펴야 한다. 인구 통계는 위기의 경고등인 동시에 준비된 자에게는 기회의 신호등이다.

"금리는 환율을 움직이고, 인구는 환율의 방향을 만든다." 내 지갑 속 원화가 미래에도 현재와 같은 힘을 발휘할 수 있을지 스스로 질문해 보라.

인구 구조 변화는 이미 시작되었다. 그 흐름 속에서 내 자산을 지켜낼 수 있는 방법은 환율에 대한 깊은 이해와 선제적인 대응뿐이다.

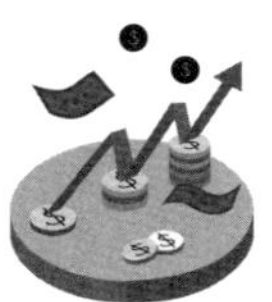

달러 패권은 금이라는 실물 자산에 뿌리를 둔 브레튼우즈 체제에서 시작되었으나, 그 본질은 언제나 '약속'과 '신뢰'에 있었다. 1971년 닉슨 쇼크로 금 본위제가 붕괴하며 절체절명의 위기를 맞았지만, 미국은 달러를 석유 결제 시스템과 결합한 페트로달러 체제를 통해 화폐의 생명력을 에너지 권력으로 전이시켰다.

이후 플라자 합의와 같은 국가 간의 정치적 조율을 거치며 환율은 단순한 시장의 결과가 아닌, 강대국이 자국의 이익을 위해 설계하는 강력한 무기로 진화해 왔다.

2008년 금융위기 당시 연준이 전 세계에 달러 유동성을 공급하며 '최종 대부자'로 등극하자, 달러는 단순한 화폐를 넘어 세계 경제의 거대한 운영체제(OS)로 고착화되었다. 달러 위기설이 반복될 때마다 역설적으로 달러가 강세를 보이는 이유는 달러가 완벽해서가 아니라, 미 국채 시장과 같은 선택지가 부재하기 때문이다.

결국 환율의 역사는 신뢰가 시스템으로 구축되는 과정이며, 이 거대한 네트워크 권력을 이해하는 자만이 반복되는 위기 속에서 자산을 지켜낼 수 있다.

2장

달러 패권의 연대기
- 무너지지 않는 성벽의 비밀과 균열

브레튼우즈 체제
– 금의 시대를 끝내고 달러의 시대를 연 설계자들

달러도 하나의 상품이며, 환율은 그 가격표다. 전 세계가 안전과 수익을 위해 달러를 찾으면 몸값은 치솟고, 시장에 달러가 흔해지면 가치는 하락한다. 수요가 강하면 오르고 공급이 많으면 내리는 이 단순한 원리가 환율의 모든 것을 결정한다.

과거 돈의 중심은 금이었고, 그 자리를 달러가 대신하게 된다. 금은 가치가 변하지 않고 희귀했기에 인류에게 가장 완벽한 돈이었다. 하지만 금은 무겁고 운반이 어려워 국가 간 대규모 거래에는 불편했다.

사람들은 금 자체를 주고받는 대신, 언제든 금으로 바꿀 수 있다는 신용이 담긴 '종이돈'을 사용하기 시작했다. 달러는 돈이 아니라 금을 맡겼다는 영수증이었다.

제2차 세계대전이 막바지에 이른 1944년, 44개국 대표들이 미국의 '브레튼우즈'에 모였다. 당시 전 세계 금을 독식했던 미국은 파격적인 제안을 내놓았다. "달러를 가져오면 언제든 정해진 양의 금으로 바꿔주겠다"는 선언이었다. 이 약속으로 달러는 기축통화로 등극했고, 현대 경제의 설계도가 완성되었다.

금 보관증이 된 달러와 기축통화의 탄생

브레튼우즈 체제 아래에서 달러는 사실상 '금 보관증'이었다. 미국이 금 1온스를 35달러로 고정하자, 전 세계는 달러를 안전 자산으로 믿기 시작했다.

달러 패권은 실물이 아니라 신뢰에서 출발했다. 이 신뢰를 바탕으로 각국은 자국 통화의 가치를 달러에 고정했고, 세상은 달러를 통해 물건을 사고팔기 시작했다.

이 체제는 세계 경제에 유례없는 안정기를 선사했다. 환율이 달러에 묶여 크게 변하지 않자, 기업들은 변동의 공포 없이 수출입에 전념할 수 있었다. 무역이 폭발적으로 늘어나며 전쟁의 상흔을 씻고 경제가 활력을 되찾는 데 달러가 결정적인 기여를 했다. 달러는 단순한 화폐를 넘어 세계 경제를 돌리는 혈액으로 진화했다.

하지만 이 시스템은 치명적인 모순을 안고 있었다. 미국은 약속을 지키기 위해 금을 충분히 보유해야 했지만, 동시에 전 세계 무역에 필요한 달러를 시장에 끊임없이 풀어야 했다.

달러는 세계 시장에 흔하게 공급되어야 했지만, 그 가치는 금에 의해 엄격히 통제받아야 하는 숙명을 떠안게 된 것이다.

무너지지 않는 성벽의 비밀과 구조적 모순

달러 패권은 미국의 국력을 지탱하는 가장 강력한 무기다. 미국은 자국 통화를 발행하는 것만으로 전 세계 자원을 사들일 수 있게 되었고, 전 세계 자본이 미국 시장으로 모여들면서 부의 중심지가 되었다. 달러를 쥔

자가 세계 경제의 규칙을 정하는 시대가 열린 것이다.

그러나 완벽해 보였던 시스템에도 균열이 나타났다. 전 세계 무역 규모가 커질수록 필요한 달러의 양은 폭발적으로 늘어났다. 미국이 달러를 많이 찍어낼수록 보유한 금 대비 달러의 신뢰도는 떨어질 수밖에 없었다.

달러는 많이 찍을수록 필요하지만, 많이 찍을수록 신뢰가 무너지는 구조였다. 이를 '트리핀 딜레마(Triffin Dilemma)'라고 부른다.

미국이 전쟁 비용 등으로 달러 발행을 급격히 늘리자 시장에서는 의구심이 번졌다. "미국이 정말 이 모든 달러를 금으로 바꿔줄 수 있는가?"라는 질문은 체제의 근간을 흔들었다.

달러 패권이라는 견고한 성벽은 금이라는 실물 자산에 뿌리를 두었으나, 경제 규모가 팽창하면서 그 연결 고리는 감당하기 힘든 수준에 도달했다.

"달러의 힘은 금이 아니라, 믿음에서 나온다." 금의 시대가 저물고 달러의 시대가 열린 이 사건은 오늘날

달러가 왜 세계의 중심인지를 설명해주는 가장 명확한 뿌리다.

달러는 금으로 시작했지만, 결국 신뢰로 유지되는 화폐다. 이 설계도를 이해해야만 현재 달러가 겪는 위기와 강세의 원인을 이해할 수 있다.

달러 패권의 탄생 배경은, 환율 시장의 '보이지 않는 손'을 찾아내는 첫 번째 단서가 될 것이다.

닉슨 쇼크와 페트로달러
– 석유와 결합한 달러의 생명력

달러는 금을 잃었지만, 석유를 얻었다. 닉슨 쇼크는 금과의 약속을 끊은 위기였으나, 달러는 석유 결제 시스템을 장악하며 생존을 넘어 권력으로 진화했다. 달러의 기반은 금에서 석유로, 다시 신용으로 이동하며 세계 경제의 혈액이 되었다.

금으로 보장되던 달러는 결국 금을 잃는다. 영원할 것 같았던 '금 보관증'의 시대는 미국이 전쟁 등으로 막대한 돈을 찍어내며 균열이 생겼다. 각국은 미국 금고에 달러만큼의 금이 있는지 의심했고, 앞다투어 교환을 요구했다. 미국의 금 보유고는 바닥을 드러냈고, 신뢰가 깨진 화폐는 종이 조각이 될 위기에 처했다.

1971년 8월, 닉슨 대통령은 "더 이상 달러를 금으로 바꿔주지 않겠다"는 폭탄선언을 했다. 이를 '닉슨 쇼크'

라고 부른다. 닉슨 쇼크는 금과의 약속을 끊은 순간이며, 이 순간 달러는 붕괴 직전까지 몰렸다. 금 본위제가 종말을 고하고 환율이 시장 원리에 따라 요동치는 혼돈의 시대가 열린 것이다. 하지만 미국은 이 위기를 돌파할 새로운 생존 방식을 찾아냈다.

미국은 금 대신 전 세계가 매일 써야만 하는 필수 에너지인 석유와 달러를 결합했다. 금이 사라진 자리에서, 석유가 달러를 지탱하기 시작한 것이다. 현대 문명의 혈액인 석유를 달러의 새로운 담보로 선택한 이 기민한 태세 전환은 달러 패권을 무너뜨리는 대신 오히려 불멸의 지위로 격상시켰다.

석유 결제 시스템과 달러 패권의 강화

미국은 1970년대 중반 사우디아라비아와 전략적 약속을 맺었다. 사우디의 안보를 책임지는 대신, 석유 결제 대금을 오직 달러로만 받기로 한 것이다. 이를 '페트로달러(Petrodollar)’ 시스템이라 부른다.

석유를 사려면 달러가 필요했고, 그래서 달러는 살아남았다. 전 세계가 석유를 사기 위해 달러를 금고에 쌓아두어야 하는 구조적 환경이 조성된 것이다.

석유는 현대 산업의 혈액이다. 공장을 돌리고 자동차를 굴리려면 어느 나라든 석유가 필요하다. 그런데 이 석유를 살 유일한 수단이 달러라면, 달러는 금이 없어도 세계 공용어로서 강력한 수요를 유지하게 된다.

달러는 이제 ‘금 보관증’이 아니라 ‘에너지 통행권’으로 진화했다. 이 시스템 덕분에 미국은 금의 제약 없이 달러를 발행할 수 있는 유연한 고지를 선점했다.

산유국들은 석유를 팔아 번 달러를 다시 미국의 금융 시장에 재투자했고, 이는 달러가 미국으로 다시 돌아오는 선순환 구조를 만들었다.

달러의 기반은 금에서 석유로, 그리고 금융 네트워크로 이동했다. 이 과정에서 달러는 전 세계 에너지 공급망과 금융망을 장악하는 핵심 권력이 되었다.

페트로달러 시스템 이후 달러의 가치는 금고 속 금이 아니라 미국의 군사적 힘, 경제적 신용, 그리고 글로벌 금융 네트워크에 의해 지탱되기 시작했다. 시스템이 곧 담보가 된 것이다. 이제 미국은 세계 금융의 심장부로 군림하게 되었고, 달러 패권은 실물을 넘어 무형의 시스템 위에 세워졌다.

물론 최근에는 탈탄소 정책과 비(非)달러 결제 시도로 페트로달러 시스템에 미세한 균열이 나타나고 있다. 하지만 달러를 대체할 압도적 대안은 여전히 보이지 않는다. 전 세계 결제 시스템이 이미 달러 중심으로 설계되어 있고, 미국 국채만큼 깊고 안전한 투자처가 드물기 때문이다.

페트로달러가 만든 네트워크 효과는 위기설 속에서도 달러를 지탱하는 강력한 방어기제다.

"달러는 돈이 아니라, 세계 경제를 움직이는 권력이

다.” 닉슨 쇼크에서 페트로달러로 이어진 연대기는 화폐 가치가 어떻게 신뢰를 유지하는지 보여주는 가장 역동적인 드라마다.

금에서 석유로, 다시 미국의 신용으로 이어진 흐름을 이해해야만 오늘날 환율이 왜 단순한 숫자가 아닌 힘의 균형인지를 명확히 파악할 수 있다.

플라자 합의와 루브르 합의
– 환율로 국가의 흥망성쇠를 조율한 역사

환율은 시장의 결과가 아니라, 때로는 국가가 만든다. 미국은 자국의 이익을 위해 달러를 인위적으로 약하게 만들었고, 이 한 번의 합의로 세계 경제의 방향이 바뀌었다. 환율은 국가 간 힘의 균형이며, 한 나라의 경제 전체를 뒤흔들기도 한다.

환율은 자연스럽게 움직이지 않는다. 때로는 누군가가 의도적으로 움직인다. 1980년대 초반, 미국은 심각한 경제적 딜레마에 빠져 있었다. 물가를 잡기 위해 고금리를 유지하자 전 세계 돈이 미국으로 쏠렸고, 달러 가치는 감당하기 힘들 정도로 치솟았다.

비싸진 달러 탓에 미국 제품은 해외 시장에서 외면받았고, 일본과 독일의 저렴한 제품이 미국 시장을 장악했다. 미국의 무역 적자는 국가적 위기 수준에 이르렀다.

상황이 심각해지자 미국은 시장 원리에만 경제를 맡겨두지 않았다. 1985년 9월, 뉴욕 플라자 호텔에 5개국(G5) 재무장관들이 모여 달러 가치를 강제로 떨어뜨리기로 약속했다.

플라자 합의는 '달러를 인위적으로 약하게 만든 사건'이다. 세계 경제는 이 한 번의 합의로 그 흐름이 완전히 바뀌었다. 환율이 시장의 보이지 않는 손이 아니라, 강대국들의 정책적 신호에 의해 요동칠 수 있다는 것을 증명한 순간이다.

엔고의 습격과 일본 경제의 거대한 변곡점

플라자 합의의 여파를 가장 뼈 아프게 체감한 국가는 미국의 경쟁 상대였던 일본이었다. 합의 이후 엔화 가치가 수년에 걸쳐 급격히 오르자, 수출에 의존하던 일본 제품의 경쟁력은 순식간에 약화되었다.

환율 하나가 한 나라의 경제를 바꿨다. 엔고는 일본

경제의 흐름을 완전히 뒤틀어버리는 변곡점이 되었다.

수출 부진을 우려한 일본은 금리를 낮추고 시장에 막대한 돈을 풀었다. 그러나 갈 곳 없는 자금은 부동산과 주식 시장으로 쏠려 거대한 거품을 형성했다.

결국 엔고 현상과 국내의 저금리 정책이 결합하면서 일본 경제는 '잃어버린 시간'이라 불리는 장기 침체의 늪으로 빠져들었다. 환율은 단순히 돈의 가격을 넘어, 특정 국가의 경제적 우위를 파괴하는 도구로 활용될 수 있음을 보여주었다.

미국 입장에서는 플라자 합의가 무역 적자의 압력을 덜어내는 결정적 계기가 되었다. 달러 가치가 낮아지자 미국의 수출이 살아났고, 경쟁국들의 추격을 늦출 시간을 벌 수 있다.

투자자들은 이 역사를 통해 정책의 방향성이 시장의 흐름을 얼마나 강력하게 비틀 수 있는지 배워야 한다. 환율 공부는 경제학을 넘어 각국 정부의 의중을 읽어내는 인문학적 안목이 필요한 영역이다.

루브르 합의와 아시아 금융위기의 파동

환율은 필요에 따라 다시 조정된다. 플라자 합의 이후 달러 가치가 지나치게 추락하자, 1987년 주요국들은 다시 모여 달러 하락을 멈추기로 뜻을 모았다. 이를 '루브르 합의(일명 역플라자 합의)'라고 부른다.

플라자 합의는 달러를 내리고, 루브르 합의는 그 하락을 멈춘 사건이었다. 이후 1990년대 중반 미국이 다시 '강한 달러 정책'을 추진하자 전 세계 자본은 다시 미국으로 향하기 시작했다.

달러 가치가 오르자 아시아 신흥국들은 커다란 시련을 맞이했다. 당시 한국을 포함한 아시아 국가들은 외채가 많았고, 단기 외화 차입에 의존하고 있었다. 강달러는 신흥국의 약점을 한꺼번에 드러냈다.

자본 유출은 가속화되었고, 결국 1997년 아시아 금융위기의 도화선이 되었다. 강대국들의 이해관계에 따라 언제든 '환율의 계절'은 바뀔 수 있으며, 이는 개인의 자산 가치를 순식간에 뒤흔든다.

환율의 역사는 결국 누가 세계 경제의 주도권을 쥐느냐는 싸움이다. 플라자 합의가 특정 국가를 견제하기 위한 장치였다면, 오늘날 주요국들이 벌이는 환율 전쟁 역시 본질은 다르지 않다.

자국의 이익을 위해 환율의 흐름을 바꾸려는 시도는 언제든지 다시 나타날 수 있다. 우리는 그 파동 속에서 자산을 지킬 안목을 길러야 한다.

"환율은 경제가 아니라 힘이다. 환율은 숫자가 아니라 국가 간 힘의 균형이다." 단순히 금리나 물가 지표만 봐서는 환율의 큰 줄기를 놓치기 쉽다. 국제 정세라는 거대한 바둑판 위에서 환율이 어떤 전략적 카드로 쓰이고 있는지 파악하는 것이 필요하다.

환율은 시장에만 맡겨지지 않는다, 필요하면 국가가 움직인다. 이것이 우리가 과거의 역사를 통해 배우고, 미래의 환율을 준비해야 하는 이유다.

2008년 금융위기와 통화 스와프
– 연준이 전 세계의 '최종 대부자'가 된 과정

달러는 단순한 화폐가 아니라, 전 세계 금융 시스템 그 자체다. 달러 문제로 시작된 위기에서 역설적으로 달러가 유일한 해결책이 되었고, 이 과정에서 연준은 미국 중앙은행을 넘어 '세계의 마지막 은행'이 되었다. 위기가 올수록 달러라는 운영체제(OS)는 더 강력해진다.

2008년, 미국의 리먼 브라더스가 파산하며 세계 경제는 유례없는 폭풍 속으로 빨려 들어갔다. 위기의 중심은 미국이었지만, 시장은 역설적으로 달러를 더 필사적으로 찾았다.

전 세계 금융 계약과 부채가 달러 중심으로 짜여 있었기 때문에, 공포에 질린 투자자들은 생존을 위해 달러 현금을 확보하려 전쟁을 벌였다. 달러 문제로 시작된 위기에서, 달러가 다시 해결책이 된 것이다.

당시 한국을 포함한 신흥국들은 기초 체력이 과거보다 튼튼했음에도 시스템이 마비될 위기에 처했다. 전 세계 금융 결제망이 달러로 촘촘히 엮여 있다 보니, 달러라는 피가 돌지 않으면 아무리 건강한 경제라도 순식간에 괴사할 수 있다는 사실이 증명되었다.

이때 연준은 파격적인 대책을 내놓았다. 주요국과 '통화 스와프(Currency Swap)'를 맺어 달러 유동성을 무제한급으로 공급하기로 한 것이다.

통화 스와프는 '필요하면 언제든 달러를 빌려준다'는 강력한 약속이다. 이 협정은 단순히 자금을 지원하는 행위를 넘어, '연준이 세계 경제의 유동성을 최종 보장한다'는 신호를 보냈다.

한국이 미국과 스와프를 체결했다는 뉴스만으로 치솟던 환율은 즉각 안정을 찾았다. 신뢰할 만한 공급 통로가 확보되었다는 사실이 시장의 모든 공포를 잠재운 것이다. 이 사건을 통해 연준은 '글로벌 최종 대부자(Lender of Last Resort, 마지막으로 돈을 빌려주는 곳)'의 지위를 확고히 했다. 연준은 이 순간, 미국 중앙은행을 넘어 세계의 중앙은행이 되었다. 시장이 마비되었을 때, 마지막으로 자금을 공급해 파국을 막는 보루 역할을 수행한 것이다.

연준의 유동성 공급과 금융 시스템의 회복

미국은 위기의 발원지였음에도 불구하고, 달러 발행권이라는 독점적 권한을 통해 세계 경제의 질서를 다시 세우는 절대적 주체가 되었다.

하지만 통화 스와프는 모두에게 허용된 혜택이 아니었다. 연준은 자국의 실익과 국제 정세를 고려해 체결국을 선별했고, 이는 달러를 빌릴 수 있는 나라와 없는 나라의 격차를 만들었다.

환율은 이제 개별 국가의 성적표가 아니라, 미국 연준이라는 거대 시스템과 얼마나 긴밀히 연결되어 있는지를 보여주는 척도가 되었다.

또한 연준은 돈을 찍어 시장에 직접 투입하는 '양적 완화(QE)'를 시행했다. 전 세계에 달러가 넘쳐나게 만들어 급한 불을 껐지만, 이는 장기적으로 자산 가격의 거품과 달러 의존도를 더욱 심화시켰다.

결과적으로 연준의 정책은 타국의 금융 안정을 좌우하는 핵심 변수가 되었으며, 전 세계는 연준의 정책에 종속된 '네트워크 계층' 속으로 편입되었다.

시스템의 위기 속에서 증명된 달러의 역설

금융위기 이후 달러 패권에 대한 의심은 끊이지 않았지만, 아이러니하게도 위기가 닥칠 때마다 달러의 영향력은 더 강력해졌다. 전 세계 금융망이 달러 중심으로 고착화되어, 달러가 흔들리면 전 세계 경제가 함께 무너지는 구조가 되었기 때문이다.

이를 '달러의 함정' 혹은 '공포의 균형'이라 부른다. 달러는 세계 경제의 파멸을 막기 위해서라도 반드시 유지되어야 하는 존재가 된 셈이다.

개인 투자자에게 통화 스와프 소식은 '환율의 심리적 방어선'을 확인하는 결정적 뉴스다. 국가 간 스와프 체결은 중앙은행이 환율 안정 의지를 보인 것이며, 이는 단기적 급등을 억제하는 강력한 수단이 된다.

평소에는 금리나 무역 수지가 환율을 움직이지만, 패닉 상태에서는 오직 연준의 공급 의지와 시스템의 신뢰가 모든 논리를 압도한다는 사실을 기억해야 한다.

결국 2008년의 역사는 '신뢰의 위기를 연준이라는 거대한 신용으로 보완한 기록'이다. 달러는 돈이 아니라, 세계 경제를 움직이는 운영체제다.

이 거대한 시스템 속에서 환율은 각국의 경제 건강도를 보여주는 동시에, 연준이 조절하는 달러라는 거대 해류가 어느 방향으로 흐르고 있는지를 알려주는 지표로 기능한다.

"위기가 올수록 달러는 더 강해진다." 이 역설적인 진리를 이해하는 투자자만이 파도에 휩쓸리지 않고 달러라는 구명보트를 활용할 줄 알게 된다.

달러는 이제 선택이 아니라, 빠져나올 수 없는 시스템
이 되었다. 이 거대한 네트워크의 지도를 읽는 눈이, 그
어느 때보다 필요한 시기가 되었다.

역사는 반복된다
– 달러 위기설 속에서 달러가 강세를 보이는 이유

달러는 완벽해서 강한 것이 아니라, 가장 덜 위험하기 때문에 선택된다. 달러 위기설이 나올수록 달러는 더 강해지는 역설이 반복되며, 이는 '절대적 신뢰'가 아니라 '상대적 선택'의 결과물이다. 위기일수록 종착지는 언제나 달러라는 시스템이다.

달러는 무너질 것이라는 말이 나올 때마다 더 강해졌다. 미국 부채가 폭발하고 달러 가치가 폭락할 것이라는 경고는 수십 년간 반복된 단골 소재다. 미국이 경제 위기를 극복하려 유동성을 쏟아부을 때마다 비관론자들은 "달러 시대의 종말"을 선언한다.

하지만 역사는 매번 그 예측을 비웃었다. 달러 위기설이 나올수록 달러는 더 강해지는 역설이 반복된다. 불확실성이 높아질수록 전 세계 자본은 결국 달러로 회귀하기 때문이다.

이 현상이 되풀이되는 이유는 달러가 가진 '네트워크 효과'에 있다. 전 세계 사람들이 특정 SNS를 쓰기 때문에 나도 쓸 수밖에 없는 원리와 같다. 이미 대부분의 무역 결제와 금융 시스템이 달러라는 운영체제(OS)로 설계되어 있다.

모두가 달러를 쓰기 때문에 달러는 계속 쓰일 수밖에 없으며, 이제 달러는 선택이 아니라 시스템이다. 이 생태계를 벗어나는 것은 경제적 고립을 의미하기에, 역설적으로 위기는 달러의 지배력을 재확인하는 계기가 된다.

유동성이 풍부한 시장과 국가의 종합적 신뢰

달러 패권이 유지되는 실질적인 힘은 압도적인 규모의 미 국채 시장에 있다. 돈이 몰릴 수 있는 가장 큰 시장이 미국에 있다. 전 세계 거대 자본이 안전하게 머물 수 있는 '거대한 주차장'으로서 미 국채만한 깊고 투명한 시장은 존재하지 않는다.

다른 나라의 채권 시장은 규모가 작거나 폐쇄적이어서 위기 시 막대한 자금을 즉시 현금화하기 어렵다. 이런 차이가 달러를 지탱하는 가장 단단한 기둥이다.

또한 달러 가치는 단순히 미국의 국력 하나에 의존하지 않는다. 이는 금융 시스템의 투명성, 법치주의, 자본 시장의 개방성 등 국가의 종합적인 신뢰가 응축된 결과다.

화폐의 신용은 발행 주체가 약속을 지킬 것이라는 믿음에서 나온다. 달러 패권은 미국의 국채 시장이라는 물리적 힘과 신뢰라는 무형의 가치가 결합한 네트워크 권력이다.

경쟁 통화들의 도전 역시 현재로서는 한계가 명확하다. 달러를 대체할 통화는 아직 준비되지 않았다. 기축통화가 되려면 경제 규모를 넘어 자본 시장을 완전히 개방하고 누구나 안심할 수 있는 투명성을 갖춰야 한다.

위안화나 유로화가 대안으로 거론되기도 하지만, 정

치적 리스크와 시스템 불안정성 때문에 전 세계 투자자
가 모든 자산을 맡기기에는 위험 부담이 너무 크다.

반복되는 역사에서 배우는 환율의 지혜

지난 수십 년간 달러는 닉슨 쇼크나 2008년 금융위
기 때마다 종말을 예고받았다. 그러나 위기 극복 과정
에서 달러는 기축통화의 지위를 오히려 공고히 했다.

환율은 단순히 지표를 넘어 전 세계가 합의한 거대한
신용의 약속이기 때문에 가능한 일이었다. 우리는 이제
"달러가 망하면 어떡하지?"라는 막연한 공포에서 벗어
나야 한다.

환율 공부의 목적은 소음에 흔들리는 것이 아니라 변
화 속에서 내 자산의 중심을 잡는 데 있다. 달러 가치가
변할 때 시장이 어떻게 반응하는지를 이해하고, 위기설
이 들려올 때가 오히려 자산을 안정적으로 확보할 기회
였던 과거를 상기해야 한다.

달러 강세는 '절대적 신뢰'가 아니라 '상대적 선택'의 결과물이다. 미국에 문제가 있어도 경쟁국들이 더 큰 구조적 문제를 안고 있다면 달러는 견고할 수밖에 없다.

결국 '달러는 인류가 만든 가장 강력한 경제적 약속'이라는 점이다. 브레튼우즈에서 시작해 페트로달러를 거쳐 연준의 유동성 공급에 이르기까지, 달러는 끊임없이 환경에 적응하며 생명력을 유지해왔다. 달러는 최고라서가 아니라, 다른 선택지가 없기 때문에 다시 선택된다.

비트코인의 도전과 달러의 응전
– 디지털 영토에서도 달러가 주인인 이유

"비트코인은 자산이고, 달러는 시스템이다." 비트코인은 가격을 가지지만, 그 가치를 결정하는 기준은 여전히 달러의 몫이다. 알고리즘은 효율적이지만 위기 시 시장을 구제할 신용과 힘은 없다. 디지털 시대에도 돈의 주인은 기술이 아닌 신용이 차지한다. 비트코인은 새로운 자산이지만, 돈의 기준은 바꾸지 못했다.

비트코인이 등장했지만, 그렇다고 달러가 사라지진 않았다. 비트코인이 처음 세상에 나왔을 때, 시장은 이를 달러 패권을 무너뜨릴 '디지털 금'이라 부르며 환호했다. 특정 국가의 통제를 받지 않는 탈중앙화 체제가 화폐 주권을 민간으로 되찾아올 것이라는 기대가 지배적이었다.

비트코인은 수천 년간 이어진 중앙 집중형 금융 질서에 던진 가장 도발적인 도전장이었다. 하지만 현실은 냉혹했다. 비트코인은 달러를 대체하려 했지만, 결국 그 시스템에 종속되었다. 가격이 요동칠수록 그 가치를 증명하는 기준은 오히려 달러에 더 강력하게 묶였다.

우리는 여기서 본질을 꿰뚫어 보아야 한다. "비트코인은 자산이고, 달러는 결제 시스템이다." 비트코인이 금처럼 가치를 보관하는 수단은 될 수 있어도, 달러처럼 일상의 물건 값을 치르는 도구는 되지 못한다.

"비트코인은 거래 대상이고, 달러는 거래 기준이다." 비트코인이 시장에서 매력적인 상품으로 팔릴 때, 그 가격표를 적는 펜은 여전히 달러가 쥐고 있다. "비트코인은 가격을 가지지만, 달러는 그 가격을 정한다."

알고리즘이 넘지 못한 국가 신용의 벽

비트코인은 인간의 개입이 없는 수학적 알고리즘을 근거로 신뢰를 쌓았다. 코드는 거짓말을 하지 않는다는 믿음이 새로운 자산 가치를 창출한 것이다. 하지만 국가는 법치와 군사력, 그리고 징세권을 바탕으로 화폐의 신용을 보증한다.

비트코인은 달러를 대체하지 않고, 달러 위에서 움직인다. 경제가 흔들리고 금융망이 마비되는 혼란의 순간에 시장은 코드가 아닌 실질적인 힘을 선택한다. 위기 때 사람들은 비트코인을 사지 않고 달러를 찾는다. 위기 상황에서 시장은 항상 가장 강력한 안식처인 달러로 되돌아오기 때문이다.

돈은 가장 많이 쓰이는 곳으로 흐른다. 비트코인은 발행량이 정해져 있어 희귀성을 갖지만, 역설적으로 그 특성이 위기 시의 유연한 대응을 가로막는다. 유동성이 말라붙을 때 공급을 조절해 경제의 숨통을 터주는 유연함이 알고리즘에는 없기 때문이다.

결국 "디지털 시대에도 돈의 주인은 기술이 아니라 신용이다." 독자들은 가격 등락에 매몰되기보다, 그 판을 유지하는 기저 시스템으로서 달러가 발휘하는 실질적 지배력을 먼저 읽어야 한다.

거대 플랫폼이 된 달러와 네트워크 권력

달러의 진짜 위력은 종이돈의 형태가 아니라, 전 세계 모든 금융망이 달러로 연결되어 있다는 '네트워크 효과'에 있다. 비트코인이 보편적 화폐로 기능하려면 수억 개의 상점이 이를 결제 수단으로 수용해야 하지만, 달러는 이미 그 인프라를 완벽하게 장악하고 있다.

디지털로 세상이 바뀐다고 해서 수십 년간 쌓아온 이 거대한 플랫폼이 한순간에 무너지지는 않는다. 오히려 디지털 기술은 달러의 전파 속도를 높이는 지렛대가 되어, 비트코인과의 교환을 더 빠르고 간편하게 만들었다. 결국 통화의 가치는 발행 주체의 신뢰를 넘어, 그 통화가 아니면 경제 활동이 불가능하게 설계된 시스템의 장악력에서 나온다.

실전 투자 관점에서도 이 관계는 명확하다. 비트코인 투자자는 결국 달러를 기준으로 수익을 판단한다. 아무리 코인 개수가 늘어나도, 달러로 환산한 가치가 떨어지면 투자자는 이를 손실로 받아들인다. 비트코인은 달러라는 거대한 바다 위를 떠다니는 배와 같으며, 투자자가 도달하고자 하는 최종 목적지는 여전히 기축통화의 안전한 항구다.

결국 환율 공부의 종착지는 비트코인이라는 화려한 껍데기가 아니라, 그 안에 흐르는 달러의 권력을 이해하는 것으로 귀결된다. 기술은 바뀌어도 돈의 기준은 쉽게 바뀌지 않는다.

비트코인은 새로운 자산이지만, 돈의 기준은 바꾸지 못했다. 비트코인은 달러를 대체하는 것이 아니라, 달러라는 거대한 운영체제 위에서 움직이는 새로운 자산일 뿐이다.

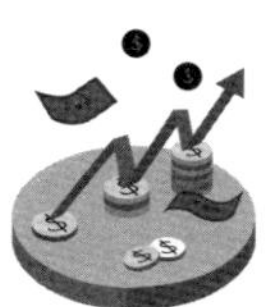

환율은 단순히 경제 지표를 넘어 국가 간의 전략적 이해관계와 기술 패권이 얽힌 '거대한 설계도'다. 강달러는 연준의 금리 정책과 글로벌 자본의 흐름이 만든 합작품으로, 미국은 이를 통해 전 세계 자본을 빨아들이며 경제 체력을 보강한다.

최근 위안화와 브릭스(BRICS)를 중심으로 탈달러화 논의가 거세지만, 기축통화의 힘은 단순한 거래 규모가 아니라 시스템의 개방성과 신뢰에서 나온다. 따라서 현재의 변화는 달러의 붕괴가 아닌, 지역별로 영향력이 나뉘는 통화 다극화 과정으로 이해해야 한다.

현대 환율 시장에서는 금리보다 '기술과 에너지 패권'이 가치를 먼저 결정한다. 반도체와 같은 핵심 기술은 화폐에 실질적인 담보 가치를 부여하며, 에너지 자립도는 환율의 하방 지지선을 결정하는 기초 체력이다.

또한 미래 환율은 디지털 화폐(CBDC)와 스테이블 코인이 점유하는 네트워크 크기에 의해 재편될 것이다. 결국 환율 공부의 본질은 숫자의 등락을 맞히는 것이 아니라, 기술 로드맵과 결제 시스템의 지배력 속에 숨겨진 패권의 향방을 보는 안목을 갖추는 데 있다.

총성 없는 전쟁

- 누가 새로운 패권을 쥐는가?

미국의 전략적 선택
- 강달러는 언제 독이 되고 약이 되는가?

강달러는 미국이 버튼 하나로 만드는 결과가 아니라, 금리와 자본이 함께 만든 시장의 산물이다. 강달러는 물가에는 약이지만, 수출에는 독이 된다. 환율의 방향은 숫자가 아니라 금리와 자본이 먼저 결정하며, 미국은 강달러를 통해 자본을 빨아들이고 그 힘으로 더 오래 버틴다.

강달러는 미국이 독단적으로 결정하는 가격이 아니라, 연준의 금리 정책과 글로벌 자본의 흐름이 만나 빚어낸 합작품이다.

미국 경제가 과열되어 인플레이션 압력이 커지면 연준은 금리를 올리고, 더 높은 수익을 찾아 전 세계 자금이 미국으로 몰리며 달러 가치는 상승한다. 이 과정에서 강달러는 수입 물가를 낮추어 미국 내 물가 안정을 돕는 강력한 처방전이 된다.

강달러 국면은 전 세계 자본을 미국으로 유도하는 결정적 계기다. 강달러는 미국으로 자본을 끌어들이고, 미국은 그 자본으로 더 오래 버틴다. 투자자가 안전하고 수익성 높은 달러 자산을 선호하게 되면서 막대한 자금이 미국의 주식과 채권 시장으로 흘러 들어오기 때문이다. 이러한 유동성은 미국 금융 시장을 풍부하게 만들어 경제의 체력을 보완하는 토대가 된다.

하지만 환율 상승이 미국 경제에 늘 혜택만 주는 것은 아니다. 강달러는 물가에는 약이지만, 수출에는 독이 된다. 달러 가치가 지나치게 높아지면 미국 제조 기업의 제품은 글로벌 시장에서 가격 경쟁력을 잃는다.

이로 인해 무역 적자가 확대되면 미국 내에서도 속도 조절의 목소리가 터져 나온다. 결국 환율은 물가 안정이라는 정책적 목표와 기업 실적 사이에서 최적의 균형점을 찾아가는 과정이다.

연준의 긴축으로 강달러 기조가 유지되면, 그 파급효과는 미국 국경을 넘어 전 세계로 번져나간다. 미국의 금리 인상은 미국 안에서 끝나지 않고, 다른 나라 환율을 흔드는 방식으로 세계에 번진다.

특히 외화부채 비중이 높은 신흥국들에게 강달러는 고통스러운 경제적 부담이 된다. 그 이유는 빌린 달러의 원금과 이자 상환액이 자국의 통화 기준으로 급증하기 때문이다.

세계 경제를 뒤흔드는 강달러의 역설

이 과정에서 신흥국에 머물던 자본이 더 높은 수익과 안전성을 찾아 미국으로 이동하는 '자본 이탈'이 가속화된다. 각국 중앙은행은 자국 통화 가치의 급락을 방어하기 위해 억지로 금리를 올리거나 외환보유액을 소진해야 하는 처지에 놓인다.

강달러는 미국 경제의 방어막이 될 수 있지만, 기초 체력이 약한 경제권에는 하방 압력을 가하는 요인이 된다.

미국 역시 이러한 글로벌 불균형을 무시할 수 없다.

타국의 경기 침체가 심화되어 미국 제품을 사줄 수요가 사라지면, 결국 미국 경제에도 부정적인 여파가 돌아오기 때문이다. 그래서 달러 강세가 임계점을 넘었다고 판단될 때는 주요국과의 공조를 통해 속도를 조절하려는 시도가 나타난다.

강달러의 향방은 시장의 수급과 미국의 실익을 고려한 정책적 판단이 교차하는 지점에서 판가름 난다.

오늘날의 환율은 경제 지표의 거울인 동시에 정치적 전략이 녹아 있는 복합적인 결과물이다. 미국이 특정 산업의 패권을 강화하려 할 때, 환율은 그 전략을 뒷받침하는 핵심 변수가 된다.

예를 들어 첨단 산업 공급망을 자국 중심으로 재편하려는 시도는 달러 자산에 대한 수요를 지속적으로 자극해 환율의 하방 경직성을 확보하는 토대가 된다.

이러한 미국의 행보는 경쟁국들의 대응을 불러온다. 위안화의 국제화를 추진하거나 별도의 결제망을 구축하려는 움직임은, 미국의 통화 정책의 영향력에서 벗어나려는 지정학적 시도의 일환이다.

환율의 흐름 속에 숨겨진 이러한 이해관계의 충돌은 달러 패권이라는 견고한 시스템에 미세한 변화를 일으키는 원인이 된다.

지정학적 구도와 경제 체력이 결정하는 환율의 미래

개인 투자자에게 이러한 거시적 흐름은 자산 배분의 핵심 나침반이다. 환율 변화의 배후에 있는 경제적 필연성과 정치적 의도를 동시에 파악하는 것이 변동성 높은 시장에서 살아남는 지혜다.

강달러 국면이 지정학적 긴장과 맞물릴 때 달러 자산은 훌륭한 헤지 수단이 되지만, 시스템의 변화가 감지될 때는 자산의 다변화를 준비해야 한다.

"강달러를 읽으려면 환율부터 보지 말고, 연준과 자본 흐름부터 먼저 봐야 한다." 환율은 경제 구조라는 본질 위에서 국가 간의 전략적 이해관계가 층층이 쌓여 나타나는 결과물이다.

우리는 이 거대한 설계도 위에서 환율을 관찰하며, 다음 세대의 패권이 어디로 향하는지 면밀히 살펴야 한다. 결국 환율의 흐름을 읽는다는 것은 단순히 숫자의 변동을 쫓는 것이 아니라, 전 세계 자본이 어느 국가의 미래와 안보에 베팅하고 있는지를 통찰하는 일이다.

위안화의 역습과 한계
– 쓰는 통화는 되지만 맡기는 통화는 아닌 이유

위안화는 무역 규모를 앞세워 결제 비중을 높이고 있으나, 자본 이동을 통제하는 폐쇄적 구조 때문에 기축통화의 본질인 '신뢰'를 확보하지 못하고 있다. 위안화는 물건 값을 지불하는 용도로는 유효하지만, 자산의 안전을 보장하며 '맡기는 통화'가 되기에는 시스템적 한계가 뚜렷하다.

역사적으로 기축통화의 교체는 단 한 번도 매끄럽게 진행된 적이 없다. 한 국가의 화폐가 전 세계의 기준이 된다는 것은 단순히 그 나라의 경제 규모가 크다는 증명을 넘어, 그 나라가 만든 법과 제도가 인류 보편의 신뢰를 얻었음을 의미한다.

오늘날 중국 위안화는 거대한 내수 시장과 강력한 생산 능력을 앞세워 이 견고한 달러의 성벽에 도전장을 내밀고 있다. 중국은 전 세계 에너지 공급망을 위안화 결제 시스템 안으로 끌어들이며, 이른바 '화폐 영토'를 확장하려 집요하게 노력 중이다.

하지만 화폐의 영토가 넓어진다고 해서 곧장 기축통화의 지위를 얻는 것은 아니다. 위안화는 쓰는 통화지만 맡기는 통화는 아니다. 기축통화는 자산가가 내 전 재산을 안심하고 묻어둘 수 있는 마지막 '금고'의 역할을 해야 하기 때문이다. 이 금고의 문이 언제든 국가의 의지에 따라 잠길 수 있다면, 그 통화는 결코 세계의 기준이 될 수 없다.

내 마음대로 뺄 수 없는 돈은 주인이 없다

위안화의 한계는 '불가능한 삼위일체' 이론으로 명확히 설명된다. 이는 자본의 자유로운 이동, 독립적인 통화 정책, 고정된 환율이라는 세 가지를 동시에 가질 수 없다는 법칙이다. 세 가지를 다 가지려 하면 결국 하나를 포기해야 한다.

중국은 공산당 중심의 체제 안정을 위해 자본이 국경 밖으로 나가는 길을 철저히 통제하는 쪽을 선택했다. 하지만 자본이 자유롭지 않은 통화는 기축통화가 결코 될 수 없다.

돈은 통제되는 곳이 아니라 빠져나갈 수 있는 곳으로 간다. 아무리 높은 수익을 약속해도 내가 원하는 시점에 돈을 회수할 수 없다는 불안감이 존재한다면, 그곳에 전 재산을 맡길 자산가는 없다.

기축통화는 위기 시에 전 세계 자본이 가장 먼저 찾는 피난처여야 하지만, 중국은 시장의 자율성보다 국가의 통제를 우선시하는 폐쇄적 구조를 유지하고 있다.

투자자는 성장보다 회수 가능성을 먼저 본다. 자본이 자유롭게 숨 쉬지 못하면 신뢰는 쌓이지 않는다. 위안화는 확장되고 있지만, 신뢰는 아직 열리지 않았다.

결국 기축통화 경쟁은 시스템 간의 신뢰 대결이다. 투명한 법치주의와 예측 가능한 시장 규칙에 기반한 달러와 달리, 위안화 시스템은 국가의 강력한 의지에 따라 언제든 게임의 룰이 바뀔 수 있다는 리스크를 안고 있다.

또한 기축통화국은 전 세계에 통화를 공급하기 위해 기꺼이 무역 적자를 감수하며 자국 화폐를 시중에 푸는 '유동성 공급자' 역할을 수행해야 한다. 그러나 중국은 여전히 막대한 무역 흑자를 내며 국부를 쌓는 데 집중하고 있으며, 이는 글로벌 기축통화로서 짊어져야 할 책임과 정면으로 충돌한다.

시장의 룰이 수시로 바뀌면 자본은 도망친다

글로벌 자산가들이 위기 상황에서 달러를 찾는 이유는 미국이라는 국가가 완벽해서가 아니라, 그 시스템이 세상에서 가장 예측 가능하게 작동하기 때문이다.

환율은 단순히 숫자가 아니라 그 국가가 제공하는 금융 인프라의 종합 신용 등급이다. 자본이 자유롭지 않으면 신뢰는 쌓이지 않는다.

위안화는 달러를 밀어내는 것이 아니라, 특정 지역의

무역 틈새를 메우는 보조 통화에 그칠 가능성이 크다.
기축통화의 지위는 수십 년의 시간과 정교한 제도가 뒷
받침되어야 얻어지는 훈장이며, 위안화는 아직 그 문턱
을 넘지 못했다.

브릭스(BRICS)와 통화 다극화
– 패권의 붕괴가 아닌 영향력의 분산

브릭스의 움직임은 달러 체제의 붕괴가 아닌 영향력의 재배치를 의미한다. 회원국 간 이해 상충으로 공동 통화 구현은 현실적 한계가 뚜렷하다. 앞으로의 통화 질서는 달러의 지위가 유지되는 가운데 영향력이 분산되는 다극화 체제로 나아갈 것이며, 투자자는 이 흐름 속에서 다변화된 대응력을 갖춰야 한다.

오랜 시간 세계 경제는 달러라는 단일 엔진에 의존해 굴러왔다. 미국이 발행하는 이 종이 화폐의 가치에 따라 전 세계 국가들의 금리와 물가, 그리고 운명이 결정되는 구조였다. 하지만 최근 미국이 금융 제재를 강력한 외교적 무기로 사용하기 시작하면서 상황이 달라졌다.

달러 중심의 결제망(SWIFT)에서 퇴출당하는 것이 곧 경제적 사형 선고가 될 수 있음을 목격한 신흥국들은 달러라는 단일 기둥 밖에서 생존 방안을 찾기 시작했다. 달러를 버리려는 것이 아니라 의존도를 줄이려는 것이다.

중국, 브라질, 인도 등 브릭스(BRICS) 국가들의 탈달러화 움직임은 특정 통화에 자국의 운명을 통째로 맡기지 않겠다는 처절한 생존 전략이다. 하지만 브릭스는 달러를 무너뜨리지 못하고 나누고 있다.

각자의 이익이 다른데 하나의 돈을 쓸 수 있을까?

브릭스는 강력한 군사·경제 동맹이 아니라 여러 이해관계의 집합이다. 인도와 중국의 국경 분쟁에서 보듯, 이들은 내부적으로 깊은 갈등과 불신을 안고 있다.

단일 통화인 유로화를 만들기 위해 유럽 국가들이 수십 년간 겪었던 처절한 통합 과정과 주권 포기를 고려할 때, 서로 다른 정치 체제와 경제 수준을 가진 브릭스가 단기간에 공동 통화를 내놓는 것은 불가능에 가깝다. 통화는 경제가 아니라 정치가 만드는 것이다.

각국은 자국 통화의 주권을 포기할 의사가 없으며, 원자재 가격에 따라 화폐 가치가 널뛰는 국가들이 모여 안정적인 표준 화폐를 만든다는 것은 논리적 모순이다.

브릭스는 달러를 대체하는 것이 아니라 분산시키고 있다. 달러라는 거대한 댐을 무너뜨리는 것이 아니라, 그 댐에서 새어 나오는 물줄기를 각자의 지역으로 끌어와 가뭄을 대비하려는 것일 뿐이다. 이는 달러의 몰락이 아니라 통화의 다각화로 이해해야 한다.

달러가 지배하던 시대에서 나누어 쓰는 시대로

현재 나타나는 핵심 변화는 패권의 교체가 아니라 영향력의 분산이다. 통화 패권은 무너지는 것이 아니라 나뉘며 유지된다. 중국의 영향력이 큰 지역에서 위안화 비중이 늘고, 특정 지역 내에서 자기들끼리의 화폐로 결제하는 '블록화 현상'이 그 증거다.

세계는 하나의 돈이 아니라 여러 개의 돈으로 나뉘고

있다. 이는 달러의 절대적 지배력이 완화되면서 주변 물길이 다변화되는 과정이다. 달러는 약해지는 것이 아니라 덜 독점하게 될 뿐이다.

앞으로의 투자는 하나의 환율이 아니라 여러 환율을 동시에 봐야 하는 복잡한 구조로 들어간다. 달러 시대는 끝나는 것이 아니라 구조가 바뀌고 있다. 달러는 여전히 중심에 있되, 지역 통화들이 그 틈새를 분담하는 다극화 체제가 정착될 것이다. 통화 패권은 교체가 아니라 재배치다.

투자자는 특정 통화에 대한 맹신을 버리고, 각 시스템이 제공하는 실질적 안전성을 냉정하게 비교해야 한다. 이제 다극화된 흐름에 유연하게 대응하는 감각이 무엇보다 필요하다.

엔저의 역설
– 일본의 통화 가치가 낮은 상태에 빠져 있는 이유

엔저는 일본이 원해서가 아니라, 금리 차이가 만든 결과다. 세계가 금리를 올릴 때 일본만 돈을 풀었고, 그 결과 금리가 낮은 곳에서 돈이 빠져나가는 자본의 생리가 엔저를 만들었다. 결국 환율은 정책이 아니라 자본이 결정하며, 엔저는 일본 경제가 약해서가 아니라 돈이 떠났기 때문에 발생한 현상이다.

세계 경제가 치솟는 물가를 잡기 위해 금리를 올릴 때, 일본만 홀로 돈을 풀었다. 이러한 완화적 통화정책의 산물인 엔저는 일본 경제가 선택한 고육지책처럼 보이지만, 그 본질은 자본의 냉정한 이동에 있다.

금리가 낮은 곳에서 돈이 빠져나가고, 금리가 높은 곳으로 이동한다. 전 세계 자금이 더 높은 수익률을 제공하는 달러로 몰려가면서 엔화 가치는 자연스럽게 하락했다. 엔저는 일본 경제가 약해서가 아니라, 돈이 떠났기 때문에 발생한 것이다.

일본 정부는 초기에 엔저를 성장의 보조 도구로 환영했다. 통화 가치가 낮아지면 해외 시장에서 일본 제품의 가격 경쟁력이 높아지고, 수출 대기업들의 장부상 이익은 폭발적으로 늘어나기 때문이다.

일본 정부는 이 이익이 임금 인상으로 이어지는 선순환을 기대했지만, 실제로는 기업 내부에 유보금만 쌓이는 결과를 초래했다.

또한 엔저로 인해 수입 원자재와 에너지 가격이 폭등하면서 서민들의 실질 구매력은 오히려 줄었다. 일본은 엔저를 원했지만, 지금의 엔저는 이미 일본의 통제 범위를 넘어선 '양날의 칼'이 되어버렸다.

'엔 캐리 트레이드'의 역습과 안전자산의 종말

우리가 엔저를 공부하면서 가장 경계해야 할 용어는 '엔 캐리 트레이드(Yen Carry Trade)'다. 이는 금리가 낮은 엔화를 빌려 전 세계 고수익 자산에 투자하는 기법을 말한다. 전 세계에 거미줄처럼 퍼져 있는 이 거대한 유동성은 일본이 금리를 올리는 순간 무서운 속도로 일본으로 회수된다.

이때 글로벌 금융 시장은 갑작스러운 자본 인출로 인해 발작을 일으킬 수 있다. 엔저의 끝은 단순히 일본의 경기가 좋아지는 것을 넘어, 전 세계 금융 시스템의 변동성을 폭발시키는 기폭제가 될 수 있다.

또한 우리는 이제 엔화의 안전자산 신화가 흔들리고 있음을 직시해야 한다. 과거에는 전쟁이나 경제 위기가 터지면 엔화 가치가 올랐지만, 일본의 막대한 국가 부채와 인구 구조 변화는 위기 시마다 엔화를 강하게 만들던 복원력을 약화시키고 있다.

엔저는 일본만의 문제가 아니라 자본 이동의 거대한 흐름이다. 이제 엔화는 무조건적인 대피소가 아니라, 일본의 경제 체력을 실시간으로 반영하는 예민한 지표가 되었다.

일본과 수출 경합도가 높은 한국 경제에 엔저는 여전히 중요한 변수다. 하지만 관점을 바꿔야 한다. 엔저는 일본이 싸진 것이 아니라, 우리가 상대적으로 비싸진 것이다.

자동차나 기계 산업에서 일본 기업들이 엔저를 바탕으로 가격 공세를 펼치면 우리 기업들은 압박을 받는다. 과거에는 이것이 우리 수출의 사형선고처럼 여겨졌으나, 이제는 브랜드 가치와 기술력으로 이 격차를 극복해야 하는 전략적 과제를 안게 되었다.

단순히 가격으로 승부하던 시대는 끝났으며, 이제는 환율의 파고를 넘어서는 '초격차' 경쟁력이 무엇보다 중요한 생존의 열쇠다.

투자자 입장에서 엔저는 새로운 기회의 장이다. 하지만 엔저 국면에서는 엔화를 사는 것보다 일본 자산의 움직임을 보는 것이 더 중요하다. 특히 일본 증시가 강세를 보이는 이유는 가치가 하락한 엔화 덕분에 수출 기업들의 실적 기대감이 주가를 밀어올리기 때문이다.

단순히 화폐의 가격 차이를 노리는 투자를 넘어, 환율의 변화가 국가 전체의 자산 가격 체계를 어떻게 재구성하는지 파악해야 한다.

만약 엔화라는 화폐 자체에 투자하고 싶다면, 그것은 단순한 환차익 노리기가 아니라 '일본의 통화 정책 전환'이라는 거대한 매크로 변수에 베팅하는 것임을 알아야 한다.

"환율은 정책이 아니라 자본이 결정한다." 가치의 하락과 상승 시나리오를 각각 그려보고, 그것이 내 포트폴리오에 어떤 영향을 줄지 분석하는 과정이 공부의 핵심이다. 엔저라는 파동 속에서 기회를 잡는 힘은 환율 수치 너머의 산업 구조와 정책의 본질을 보는 안목에서 결정된다.

"환율은 국가가 만드는 것이 아니라, 시장이 선택하는 결과다." 일본의 엔저가 만들어낸 기묘한 풍경은 우리에게 환율을 어떻게 해석하고 이용해야 하는지 생생하게 보여준다.

　이제 우리는 일본의 사례를 통해 환율의 변동성 속에서 내 자산을 지키고 키워나갈 수 있는 실질적인 통찰을 얻어야 한다.

반도체와 에너지 패권
– 첨단 산업의 주도권이 환율을 결정하는 시대

반도체라는 전략 자산을 쥔 국가는 전 세계 달러를 빨아들이며 통화 강세를 유지하고, 에너지를 수입하는 국가는 환율 상승 압력에 노출된다. 환율은 글로벌 공급망에서 그 나라가 차지한 위치를 입증하는 성적표다. 오늘날에는 어떤 핵심 기술을 보유했느냐가 화폐 가치를 판가름하는 본질적인 변수가 되었다.

환율을 보려면 차트가 아니라 기술과 자원의 지도를 먼저 봐야 한다. 과거의 환율이 국가 간 금리 차이에 의해 움직였다면, 오늘날에는 어떤 핵심 기술을 보유했느냐가 화폐 가치를 판가름하는 본질적인 변수가 되었다.

특히 반도체는 국가 경쟁력을 넘어 기축통화의 지위를 뒷받침하는 강력한 담보로 부상했다. 과거에는 금(Gold)이 화폐를 지탱했다면, 지금은 반도체로 대변되는 첨단 기술이 가치를 떠받치는 '기술 담보 화폐'의 시대가 열린 것이다.

반도체와 환율의 연결 고리는 매우 직선적이다. 독보적인 반도체 기술을 가진 국가는 전 세계 달러를 빨아들이고, 달러가 유입되는 국가는 자국 통화가 강해질 수밖에 없다.

미국이 AI 반도체와 설계 자산을 장악하고 있는 한, 투자 자금은 수익을 쫓아 미국으로 향하며 달러 강세를 고착화한다. 반대로 기술 경쟁에서 밀려나 수출 동력을 상실한 국가의 통화는 시장에서 신뢰를 잃고 가치가 하락하는 '기술적 평가절하'의 위협에 직면하게 된다.

기술 주도권이 재편하는 화폐의 신용 구조

기술 패권의 변화는 화폐의 신용 구조를 근본적으로 바꾸고 있다. 특정 국가가 전 세계가 반드시 사야만 하는 기술을 보유하면, 해당 통화 수요는 자연스럽게 폭발한다.

반도체 공급망의 핵심을 장악한 국가의 통화는 위기 상황에서도 압도적인 복원력을 보여주는데, 이는 기술력이 화폐에 실질적인 담보 가치를 부여하기 때문이다. 이제 환율은 그 나라의 산업이 미래에도 여전히 유효한 경쟁력을 가질 것인지에 대한 시장의 냉정한 채점 결과다.

미국이 반도체 법(CHIPS Act) 등을 통해 생산 기지를 자국으로 끌어들이는 것은 고도의 환율 전략이기도 하다. 첨단 산업의 중심지를 미국 내부에 둠으로써 달러에 대한 장기적인 수요를 창출하고, 자본이 달러 자산에 머물 수밖에 없는 구조를 만드는 것이다.

강달러의 본질은 연준의 금리 정책이라는 단기적 변수를 넘어, 기술 패권을 놓치지 않으려는 미국의 거대한 산업 설계에 기반하고 있다.

이제 환율을 볼 때 중앙은행의 발표문보다 반도체 기업의 실적 발표와 기술 로드맵에 더 집중해야 하는 이유다. 그곳에 환율의 진짜 미래가 숨어 있기 때문이다.

에너지 안보가 결정하는 환율의 하방 지지선

에너지 자립도는 환율의 안정성을 결정하는 가장 기초적인 경제 체력이다. 에너지를 수입에 의존하는 국가는 대외 변수에 극히 취약할 수밖에 없는 구조적 한계를 지닌다.

국제 정세 불안으로 에너지 가격이 급등하면 무역 수지는 즉각 악화되고, 이는 달러 수요 폭증과 자국 통화 가치 하락으로 연결된다.

에너지 안보가 흔들리는 국가의 환율은 외부 충격에 여지없이 무너지는 구조적 약점을 노출한다. 셰일 혁명 이후 에너지 자립을 이룬 미국은 유가 상승이 달러 가치를 훼손하던 과거 공식에서 완전히 벗어났다.

미국이 에너지 수출국으로 변모한 사건은 달러 패권을 더욱 공고히 하는 전환점이 되었다. 이제 에너지 가격 상승은 미국의 무역 수지에 오히려 도움을 주며 달러 강세를 뒷받침하는 요인이 된다.

에너지 패권의 확보는 달러를 단순한 결제 수단에서 '에너지 담보 화폐'로 진화시켰으며, 이는 글로벌 금융 시장에서 미국이 가진 영향력을 더욱 크게 만들었다.

개인 투자자에게 에너지 패권의 변화는 환율 예측의 중요한 단서다. 환율은 국가가 에너지를 생산하고 소비하는 방식의 근본적인 변화를 가장 먼저 반영하는 경제적 신호이기 때문이다.

"환율은 숫자가 아니라, 누가 미래 산업을 지배하느냐의 결과다." 이제 환율은 기술과 에너지라는 두 무기를 장악한 국가가 시장의 주도권을 가져가는 거스르기 힘든 논리로 움직인다.

우리는 수치로 나타나는 환율 너머의 실물 패권 전쟁을 목격하고 있다. 기술과 자원을 쥐고 있는 국가의 화폐가 왜 강할 수밖에 없는지, 그 냉혹한 본질을 꿰뚫어 보아야 한다.

첨단 기술력을 보유한 국가의 자산은 환율 변동성 속에서도 가치를 보존해주는 가장 든든한 안전장치다.

# 디지털 화폐(CBDC)와 스테이블 코인
- 달러의 적은 달러가 될 것인가?

미래 환율은 '네트워크 점유율'이 결정한다. 디지털 화폐(CBDC)와 스테이블 코인은 각각 국가의 통제와 시장의 확산을 앞세워 표준 전쟁을 벌이고 있다. 결제 시스템의 주도권이 곧 화폐의 가치가 되는 시대, 이제 환율표보다 결제 앱의 영향력을 먼저 읽어야 한다.

미래의 환율은 지폐의 숫자가 아니라 '네트워크 점유율'에 의해 판가름 난다. 화폐 가치가 국가의 보증을 넘어 디지털 생태계의 크기에 좌우되는 시대가 오고 있다. 각국 중앙은행이 발행하는 디지털 화폐(CBDC)는 기존의 느린 국제 송금 체계를 혁신해 달러의 매개 없는 직접적인 결제를 가능하게 한다.

이는 결제 수단으로서 달러가 누려온 독점적 지위에 기술적 균열을 내는 사건이다. 디지털 화폐(CBDC)가 국가 권력을 알고리즘으로 구현한 것이라면, 스테이블 코인은 민간 시장의 효율성을 극대화한 변종이다.

역설적이게도 달러를 가장 강력하게 위협하는 존재는 다른 나라의 통화가 아니라, 바로 '디지털 달러' 그 자체다. 달러 가치에 연동된 스테이블 코인들은 달러의 지배력을 디지털 세상 끝까지 전파하고 있다.

하지만 이 현상은 기존 은행 시스템을 우회하며, 중앙은행의 통화 통제력을 약화시키는 양날의 검이 된다. 스테이블 코인은 달러의 침투력을 높이는 동시에, 발행 주체의 담보 자산 신뢰 문제를 환율의 새로운 리스크로 부상시키고 있다.

디지털 표준 전쟁과 환율의 새로운 변곡점

디지털 화폐(CBDC) 시대의 환율은 '네트워크의 크기와 연결성'에 의해 재편된다. 특정 국가의 디지털 화폐(CBDC)가 국경을 넘어 널리 쓰이게 되면, 해당 통화의 수요는 기하급수적으로 늘어난다. 이는 과거 무역 규모나 금리보다 더 강력하고 즉각적인 환율 지지선이 된다.

글로벌 디지털 결제 표준을 선점하는 국가의 통화가 디지털 기축통화의 지위를 가져가는 시대가 눈앞에 다가와 있다.

중국이 디지털 위안화(e-CNY) 도입에 사활을 거는 이유도 이 지점에 있다. 기존의 달러 중심 결제망(SWIFT)을 우회할 수 있는, 자신들만의 디지털 고속도로를 먼저 닦겠다는 전략이다.

중국이 동남아시아와 아프리카의 결제망을 선점하려는 시도는, 환율 패권을 기술적으로 탈환하려는 고도의 포석이다. 이는 물리적 영토를 넘어 디지털 영토를 확장해 달러의 영향력을 밀어내려는 소리 없는 전쟁이다.

미국 역시 디지털 달러를 통해 반격의 기회를 엿보고 있다. 민간 스테이블 코인들이 이미 달러의 디지털 지배력을 강화하고 있는 상황에서, 연준의 디지털 화폐(CBDC)가 이들과 어떻게 결합될지가 핵심이다.

미국이 디지털 달러의 표준 규범을 확립한다면, 이는 기존 달러 패권을 디지털 생태계로 그대로 복제하는 결과를 낳을 것이다. 환율은 이제 종이 위가 아닌 알고리즘과 보안 프로토콜의 신뢰도 위에서 결정되는 시대를 맞이했다.

디지털 신용이 결정하는 화폐의 하방 지지선

디지털 화폐(CBDC)가 성공하기 위한 최우선 과제는 여전히 '국가 신용의 디지털화'다. 아무리 기술적으로 뛰어난 디지털 화폐(CBDC)라 할지라도 발행국의 경제 체력이나 법치주의가 뒷받침되지 않으면 시장의 선택을 받을 수 없다.

환율은 그 나라의 시스템을 믿고 내 재산을 맡길 수 있느냐에 대한 가격이며, 디지털 환경에서도 이 대원칙은 변하지 않는다. 디지털 기술은 신뢰를 전달하는 통로일 뿐, 신뢰 그 자체를 창조하지는 못하기 때문이다.

스테이블 코인이 달러 가치를 유지하는 비결도 배후에 실제 달러나 국채라는 담보 자산이 존재한다는 믿음 덕분이다. 디지털 자산의 가치는 현실 세계의 실물 자산과 얼마나 견고하게 연결되어 있느냐에 따라 결정된다.

만약 담보 자산의 투명성에 의구심이 생기는 순간 해당 디지털 화폐(CBDC)는 폭락하며 환율 시장에 거대한 혼란을 야기할 것이다.

투자자들은 이러한 디지털 자산의 흐름을 '환율의 확장판'으로 인식해야 한다. 가상자산이 금의 역할을 부분적으로 대신하듯, 디지털 화폐(CBDC)와 스테이블 코인은 실물 화폐의 결제 기능을 빠르게 흡수하고 있다.

이제 어떤 네트워크로 돈이 흐르는지를 읽지 못하는 환율 투자는, 눈을 감고 길을 찾는 것과 다름없다. 환율의 진짜 동력은 이제 지갑 속 지폐가 아니라 스마트폰 속 결제 앱의 아이콘에서 나오고 있다.

"미래의 환율은 환율표가 아니라 결제 시스템의 지배력에서 결정된다." 디지털 화폐(CBDC)는 달러의 대안이라기보다 달러 패권이 진화하거나 강력하게 도전받는 새로운 전장이다.

기술이 화폐의 형태를 바꿔도 그 핵심은 여전히 기술과 에너지, 그리고 국가의 신뢰에 기반을 두고 있다. 우리는 이 거대한 디지털 전환기 속에서 환율의 본질이 어디로 향하고 있는지 냉정하게 지켜보며, 다음 세대의 부를 준비해야 한다.

원화는 글로벌 자본이 위험을 감지할 때 가장 먼저 빠져나가는 '경제의 카나리아'이자 ATM 역할을 수행한다. 한국의 높은 시장 개방성과 수출 중심 구조는 원화를 세계 경제의 조기 경보 기구로 만들었으며, 최근에는 서학개미와 연기금의 해외 투자 급증이 원화 가치를 상시적으로 누르는 새로운 수급 구조를 형성했다.

이제 환율 1,400원은 일시적 사고가 아닌 두 국가의 기초 체력 차이를 반영한 '뉴노멀(New Normal)'로 받아들여야 하며, 과거의 위기 문법으로 현재의 고환율을 해석하는 오류를 범해서는 안 된다.

환율은 결국 국가의 신용 가격이며, 이를 방어하는 최후의 보루는 외환보유액의 숫자가 아닌 재정 건전성에서 나온다. 개인 투자자에게 환율은 맞히는 대상이 아니라 대비하는 대상이다. 따라서 자산의 20%를 상시 달러화하고 기계적인 리밸런싱을 실천하는 '한국형 방어 전략'이 필수적이다.

민간이 보유한 막대한 외화 자산은 위기 시 국가 경제를 지탱하는 새로운 안전판이 된다. 원화의 변동성을 리스크가 아닌 신호로 읽어내고 달러라는 무기를 갖출 때, 비로소 흔들리는 세계 속에서 부의 기회를 선점할 수 있다.

4장

원화의 숙명
- 흔들리는 세계 속에서 살아남는 법

변동성 증폭기
– 왜 한국은 글로벌 경제의 '카나리아'가 되었나?

원화는 세계 자본이 위험을 감지할 때 가장 먼저 빠져나가는 '출구 통화'다. 한국의 개방된 시장과 수출 중심 구조는 원화를 글로벌 경기의 조기 경보 기구로 만들었다. 원화의 요동은 한국 경제의 위기라기보다, 세계 경제에 폭풍이 다가오고 있음을 알리는 가장 정직한 신호다.

원화는 위험이 시작될 때 세계에서 가장 먼저 흔들리는 통화다. 과거 탄광 속 유독가스를 감지하던 카나리아처럼, 원화는 글로벌 금융 시장의 미세한 균열을 가장 먼저 시각화한다.

세계 경제의 온도가 조금만 변해도 글로벌 자본은 한국 시장에서 자금을 회수하며 환율을 밀어올린다. 원화 가치의 급락은 국내 악재를 넘어, 세계 경제에 거대한 변화가 시작되었음을 알리는 탈출 신호로 읽어야 한다.

한국이 글로벌 경제의 카나리아가 된 이유는 명확하다. 우리나라는 수출 위주의 경제, 고도로 개방된 자본 시장, 글로벌 공급망의 핵심 부품 공급원이라는 특성이 결합된 독특한 구조를 지녔다.

개방된 시장과 자본 이동의 냉혹한 매커니즘

세계 경기가 둔화될 조짐이 보이면 반도체와 중간재를 공급하는 우리 기업들의 실적 전망은 즉시 내려간다. 투자자들은 실물 경제 침체가 본격화되기 전, 유동성이 풍부하고 민감한 원화 자산을 매각하며 위험에 대비한다.

한국 금융 시장의 높은 개방성은 원화의 변동성을 키우는 핵심 기제다. 우리나라는 외국인 투자자가 아무런 제약 없이 자산을 사고팔 수 있는 선진 금융 시스템을 갖추고 있기 때문이다.

글로벌 펀드 매니저들에게 한국 시장은 위험 시 가장

쉽고 빠르게 현금을 확보할 수 있는 'ATM(현금자동인출기)'과 같다.

위기 시 자산을 매각하고 달러로 환전해 나가는 과정에서 원화 가치는 필연적으로 하락하게 된다.

특히 한국 증시의 주력인 반도체와 자동차는 글로벌 경기 변동의 직격탄을 맞는 분야다. 외국인 투자자들이 이들 종목을 집중 매도하면, 그 대금은 외환 시장에서 즉각적인 달러 수요로 전환된다.

실물 경제의 수출 부진과 금융 시장의 자본 유출이 맞물리며 원화 가치를 끌어내리는 이중 압력이 발생하는 것이다.

투자자에게 원화의 변동성은 시장의 방향성을 읽는 날카로운 도구다. 원화가 빠르게 안정을 찾을 때는 세계 경제의 온기가 다시 돌기 시작했다는 선행 신호다.

원화의 높은 변동성은 역설적으로 한국 경제가 충격을 흡수하는 '자연스러운 완충 장치' 역할을 수행한다.

환율이 오르면 수출 기업들의 가격 경쟁력이 회복되

어 무역 수지 개선을 유도하고, 이는 다시 원화 가치를 지탱하는 동력이 된다. 경제 시스템 스스로가 환율이라는 가격 조절 기구를 통해 균형을 찾아가는 자정 작용이 일어나는 셈이다.

충격 완화 장치로서의 원화와 새로운 방어벽

또한 우리나라는 이제 막대한 순대외금융자산을 보유한 국가다. 서학개미라 불리는 개인 투자자들과 연기금의 해외 자산은 환율 급등 시 한국으로 돌아올 수 있는 잠재적 달러 공급원이다.

환율이 임계점 이상으로 오르면 해외 자산을 매각해 원화로 환전하려는 역방향 수요가 발생하며, 이는 환율의 무한정 상승을 막는 새로운 방어벽이 된다.

국가의 신용도가 유지되는 한, 일시적인 환율 급등은 투기 세력의 공격이 아닌 시장의 합리적인 조정 과정으로 이해되어야 한다.

“환율이 흔들릴 때, 우리 경제에 문제가 생긴 것이 아니라 세계 경제가 우리에게 ‘신호’를 보내고 있는 것이다.” 원화의 변동성은 우리 경제의 약점이 아니라, 세계 돈의 방향을 보여주는 강력한 정보 자산이다.

원화의 울음소리를 정확히 해석하는 자만이 흔들리는 세계 시장에서 내 자산을 지킬 최선의 방책을 찾을 수 있다. 우리는 이 거친 상황 속에서 글로벌 경제의 흐름을 제대로 파악하고, 짚고 다음 투자의 길목을 지켜야 한다.

서학개미와 연기금
– 해외 투자 급증이 역설적으로 원화를 압박하는 구조

지금 원화 환율을 움직이는 주체는 외국인이 아니라 한국인이다. 서학개미와 연기금이 더 높은 수익을 찾아 달러 자산으로 떠나며, 원화 가치를 낮추는 상시적 압력이 발생했다. 이제 환율은 경기 성적표를 넘어 우리 국민의 '자산 배분' 현황을 투영하는 거울이다.

지금 환율을 움직이는 것은 외국인의 변심이 아니라 한국인의 선택이다. 과거에는 외국인이 주식을 팔고 떠나는지가 환율 급등의 핵심 공식이었으나, 이제 외환시장의 주인공은 우리 곁의 '서학개미'와 거대 공룡 '연기금'이다.

더 높은 수익을 찾아 미국 주식과 채권으로 향하는 내국인의 거대한 자금 흐름이 달러 수요를 상시화했다. 한국은 이제 달러를 벌어오기만 하는 나라에서, 벌어온

달러를 다시 해외로 빠르게 내보내는 나라로 체질이 바뀌었다.

이 과정에서 서학개미는 흐름을 만들고, 연기금은 그 방향을 고착화한다. 개인 투자자들은 글로벌 혁신 기업을 향해 민첩하게 움직이며 시장의 단기 수급을 흔든다.

반면 국민연금을 필두로 한 기관들은 포트폴리오 다변화라는 전략적 목표 아래 꾸준히 원화를 달러로 치환하며, 환율의 하방 지지선을 단단히 굳힌다.

이는 개인의 심리와 기관의 전략이 맞물리며 원화 가치를 밀어내리는 거대한 수급의 톱니바퀴가 돌아가고 있는 셈이다.

고환율 뉴노멀과 자본 대이동의 매커니즘

해외 투자의 급증은 원화 환율의 하단을 높이는 구조적인 수요를 창출했다. 예전에는 무역 흑자가 나면 달러가 쌓여 환율이 내려가는 것이 당연했지만, 이제 달

러는 유입되자마자 해외 자산을 매수하는 자금으로 다
시 나간다.

경상수지가 대규모 흑자를 기록해도 환율이 쉽게 떨
어지기 어려운 '고환율 뉴노멀'은 이러한 자본 순환 구
조의 변화에서 기인한다.

원화가 힘을 쓰지 못하는 것은 경제가 나빠져서라기
보다 자본이 더 넓은 세상으로 본격적으로 이동하고 있
기 때문이다. 즉 환율이 오르면 달러 자산의 평가 이익
을 기대하며 달러를 더 사고, 그 수요가 다시 환율을 밀
어 올리는 구조다.

많은 서학개미가 환율 상승 이익까지 고려해 헤지
(Hedge) 없이 투자하기 때문에 환율 상승이 추가적인
달러 매수를 부르는 심리적 연쇄 반응이 나타난다. 자
본은 이제 국경을 넘어 가장 유리한 환율과 수익률을
찾아 24시간 쉼 없이 흐르고 있다.

해외 투자의 급증이 평상시에는 원화를 압박하지만,
극한의 위기 상황에서는 원화를 지키는 가장 강력한

'민간 외환보유액'으로 변모한다. 환율이 임계점 이상으로 폭등하면 해외 주식에서 큰 수익을 거둔 투자자들이 자산을 매각해 국내로 자금을 회수하려는 유인이 생기기 때문이다.

민간 외환보유액: 환율 방어의 새로운 안전판

원화 가치가 지나치게 낮아질 때 거대한 해외 자산이 국내로 환류되며 환율의 무한정 상승을 저지하는 안전판 역할을 수행하게 된다.

실제로 글로벌 금융 위기 징후가 나타날 때 서학개미와 연기금이 보유한 막대한 달러 자산은 국가 전체의 순대외금융자산을 높여 대외 신인도를 지탱한다.

과거 외환위기 시절에는 달러가 고갈되어 국가 부도 위기를 겪었지만, 지금은 민간이 보유한 달러 자산이 충분해 국가 리스크를 상쇄하는 데 기여한다.

해외 투자는 평소에는 원화 가치를 누르는 무게추이

지만, 위기 시에는 경제 시스템을 구원하는 최후의 보루가 되는 셈이다.

"환율은 이제 외국인의 판단이 아니라, 우리 선택의 결과다." 원화의 방향은 더 이상 해외의 시각이 아니라 내국인의 '자산 배분'이 결정한다.

서학개미와 연기금의 행보는 원화의 숙명을 바꾸고 있으며, 이 거대한 자본의 물줄기를 이해하는 자만이 흔들리는 시장에서 부의 기회를 선점할 수 있다.

원화의 압박을 견디며 확보한 해외 자산은 훗날 우리 경제를 지탱할 가장 든든한 보험이 될 것이다.

1,400원 환율 뉴노멀
– 과거의 위기와 지금의 고환율은 무엇이 다른가?

지금의 1,400원은 위기가 아니라 '기준선'이다. 과거 고환율이 달러 부족으로 터진 사고였다면, 현재는 자본의 해외 이동에 따른 체질 변화다. 투자자는 세 자릿수 환율로의 회귀라는 환상을 버리고, 상향된 환율 고점 위에서 자산 전략을 재편해야 한다.

지금의 1,400원은 일시적인 위기가 아니라 새로운 '평형점'이다. 1997년 외환위기나 2008년 금융위기 당시 1,400원은 국가 부도를 경고하는 비상벨이었으나, 지금 마주한 이 수치는 글로벌 경제 질서가 재편되면서 나타난 결과물이다.

과거에는 달러가 고갈되어 환율이 폭등했다면, 현재는 달러가 우리 스스로의 선택에 의해 밖으로 나가며 오른다. 수치는 같아 보여도 그 속사정은 완전히 다르다. 낡은 공포에 갇혀 현재의 변화를 읽지 못하는 것이야말로 가장 위험한 투자 태도다.

이러한 변화의 본질은 미국의 고금리와 한국의 저성장이 맞물린 결과다. 자본은 금리가 높은 곳으로 흐르며, 현재 그 방향은 명확히 미국을 향한다.

위기가 아닌 체질 변화, 고환율의 새로운 얼굴

미국이 기축통화의 패권을 앞세워 고금리를 유지하는 동안, 한국은 내수 부진과 가계 부채 문제로 금리 인상에 한계를 보였다.

이 격차가 고착화되면서 원화 가치는 상시적으로 낮은 수준에 머물게 되었다. 이제 1,400원 환율은 돌발 사고가 아니라 두 국가의 경제 기초 체력 차이를 반영한 새로운 정상 수치로 받아들여야 한다.

지금의 고환율을 과거의 국가 부도 위기와 동일시해서는 안 된다. 외환위기 때는 갚아야 할 부채가 문제였으나, 지금은 우리가 보유한 해외 자산이 압도적으로 많기 때문이다.

한국은 이미 세계적인 순채권국이며, 국가 부도 위험을 나타내는 신용부도스왑(CDS) 프리미엄 등의 지표도 안정적이다. 1,400원이라는 숫자는 동일하지만 그 숫자를 지탱하는 경제의 내실은 과거와 비교할 수 없이 단단하다. 무작정 공포에 떨 필요가 없다.

또한 한국 산업 구조의 변화는 환율의 '비가역성(Irreversibility)'을 강화하고 있다. 과거에는 환율이 오르면 수출 가격 경쟁력이 생겨 대규모 달러 유입이 환율을 다시 끌어내렸으나, 지금은 기업들이 해외 현지 생산 비중을 높여 그 환류 효과가 반감되었다.

여기에 전 세계 물가 수준을 반영한 '실질실효환율'을 따져봐도 원화의 구매력은 과거보다 낮아진 상태다. 이는 원화 가치가 단순히 일시적으로 저평가된 것이 아니라, 글로벌 시장에서 원화의 대우 자체가 한 단계 낮아진 구조적 고착화가 진행 중임을 시사한다.

뉴노멀 시대, 투자자의 생존 방정식

투자자들은 이제 '환율 1,100원 시대'라는 과거의 향수에서 단호히 벗어나야 한다. 환율이 다시 낮은 천 원대로 돌아갈 것이라는 기대에 기반한 자산 전략은 기회비용만 날릴 뿐이다.

고환율은 이제 우리가 극복해야 할 재난이 아니라 함께 살아가야 할 새로운 환경이다.

1,400원 부근을 새로운 평균값으로 인정하고, 그 변동성을 수익으로 연결할 수 있는 방법을 고민하는 것이 훨씬 생산적인 접근이다. 운동장의 경사가 영구적으로 변했다면, 그에 맞는 새로운 주행법을 익혀야 한다.

뉴노멀 환율 시대의 제1원칙은 '자산의 달러화'를 상식으로 받아들이는 것이다. 원화 자산에만 몰입하는 것은 변동성 증폭기인 한국 경제의 리스크를 홀로 감당하겠다는 무모한 결정이다.

환율 하단이 상향 조정된 만큼 포트폴리오의 일정 비

중을 상시적으로 달러 자산에 배분해야 한다.

이제 달러 투자는 선택이 아닌 구매력을 지키기 위한 '기본값(Default)'이다. 1,400원이라는 숫자에 겁먹지 말고, 그 숫자가 말해주는 시대의 변화를 읽는 자만이 흔들리지 않는 부를 쌓을 수 있다.

국가 부채와 신용 등급
- 원화 가치를 방어하는 최후의 보루

환율은 '국가의 신용 가격'이다. 외환보유액은 위기 시 시간을 벌어주는 방패일 뿐, 통화의 방향을 결정하는 진짜 동력은 재정 건전성이다. 투자자는 금고 속 달러 수치에 안심할 것이 아니라, 국가 신용 등급을 지탱하는 재정의 기초 체력을 먼저 점검해야 한다.

환율은 숫자가 아니라 '국가의 신용 가격'이다. 우리가 매일 확인하는 원/달러 환율은 결국 대한민국이라는 국가 시스템이 발행한 채권의 신뢰도를 실시간으로 반영한 결과물이다.

아무리 수출을 많이 해도 나라의 곳간이 부실해지고 부채가 늘어나는 속도가 통제 불능에 빠진다면, 시장은 원화를 가장 먼저 처분하며 경고를 보낼 것이다.

환율의 등락 너머에는 국가라는 거대한 법인의 재무

제표가 숨어 있으며, 그 재무제표가 건강할 때만 원화
는 비로소 가치의 안정을 찾을 수 있다.

흔히 외환보유액이 많으면 환율은 안전하다고 믿지
만 이는 위험한 착각이다. 외환보유액은 위기 시 시간
을 벌어주지만, 신용은 환율의 방향을 결정한다. 보유액
은 급격한 파도를 막는 임시 방파제일 뿐, 파도 자체를
잠재우는 근본적인 에너지는 국가의 재정 건전성에서
나온다.

외환보유액, 숫자가 크다고 무조건 안심할 수 없는 이유

글로벌 자본은 한국의 외환보유액 수치보다 정부가
부채를 얼마나 책임감 있게 관리하는지를 더 중요하게
여긴다. 신뢰가 무너진 상태에서의 달러 투입은 밑 빠
진 독에 물 붓기에 불과하기 때문이다.

외환보유액은 쌓아두기만 하면 든든한 창고 속 비상
금이 아니라, 유지할수록 막대한 비용이 발생하는 '비

싼' 자산이다. 많은 이가 숫자가 크면 무조건 좋다고 믿지만, 그 숫자를 유지하기 위해 보이지 않는 곳에서 치르는 대가는 상상을 초월한다.

이 구조를 쉽게 이해하려면 가계 경제에 빗대어볼 수 있다. 만약 어떤 가장이 실직에 대비해 10억 원의 비상금을 통장에 넣어두기로 했다고 가정하자. 그런데 본인 수중에 돈이 없어 연 5% 이자를 주는 고금리 대출을 받아 그 돈을 마련했다.

그리고는 그 10억 원을 언제든 꺼내 써야 한다는 이유로 이자가 고작 2%인 수시입출금 통장에 넣어두었다면 어떨까? 이 가장은 비상금을 가졌다는 안도감을 얻는 대신, 매년 3%에 해당하는 3,000만 원의 생돈을 이자로 날리게 된다. 가계 재정은 매달 마이너스가 날 것이고, 시간이 흐를수록 이 집의 경제적 기초 체력은 부실해질 수밖에 없다.

국가 경제의 외환보유액 작동 원리도 이와 같다. 정부나 중앙은행이 달러를 비축하려면 시중의 원화를 거두어들여야 하는데, 이때 필요한 자금을 마련하기 위해 국채나 통화안정증권을 발행하며 시장에 높은 이자를 지불한다.

반면에 확보한 달러는 안전성을 최우선으로 하기 때문에 주로 금리가 낮은 미국 국채 등에 투자된다.

결과적으로 비싼 이자를 주고 빌려온 돈을 낮은 금리로 묻어두는 셈이라, 매년 천문학적인 '역마진' 손실이 국가 재정에서 새 나간다.

부작용은 여기서 그치지 않는다. 정부가 달러를 사들이는 과정에서 시중에 원화가 대량으로 풀리면 화폐 가치가 떨어져 물가가 상승한다. 이를 막기 위해 다시 채권을 찍어 시중의 돈을 강제로 회수해야 하는데, 이 과정에서 또다시 막대한 이자 비용이 발생한다. 달러를 지키기 위해 물가와 싸우느라 이중으로 비용을 치르는 구조다.

지나치게 많은 외환보유액은 이처럼 국가 재정을 갉아먹어 나라의 경제력을 약화시킨다. 재정이 부실해진 국가는 결국 대외 신인도가 떨어지고, 이는 장기적으로 우리 돈인 원화 가치를 오히려 하락시키는 역효과를 낸다.

숫자가 크다고 안심하는 것은 외환 시장의 복잡한 역학을 간과하는 생각이다. 외환보유액은 '다다익선'이 아니라, 기회비용을 치밀하게 계산해 '적정 수준'의 밸런스를 유지하는 것이 핵심인 고도의 관리 시스템이다.

재정 건전성과 환율의 함수 관계

정부의 재정 정책은 환율의 향방을 결정하는 가장 거대한 물줄기다. 정부가 경기 부양을 위해 과도하게 적자 국채를 발행하면, 시장에는 원화 공급이 늘어나 가치가 하락한다.

반대로 긴축 재정을 통해 나라 살림을 조여 매면 원화의 희소성이 높아져 가치가 방어된다.

결국 환율은 정부가 돈을 푸는 속도와 시장이 그 돈을 수용하는 신뢰 사이의 균형점에서 결정된다. 지속

가능한 재정이 뒷받침되지 않는 환율 안정은 사상누각에 불과하다.

개인 투자자에게 국가 신용 등급에 대한 공부는 자산 배분의 최전선이다. 한국의 신용도가 흔들릴 조짐이 보인다면, 그것은 환율 상승 이전에 자산을 달러화하라는 가장 강력한 경고다. 국가 부채 비율이 임계점을 넘어서는 순간, 환율은 우리가 제어할 수 없는 영역으로 튀어 오를 것이다.

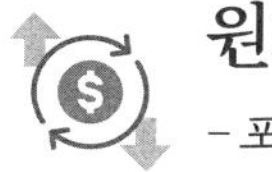

원화 자산의 한계
– 포트폴리오 재설계 전략

원화에 편중된 자산 구조에서 벗어나, 반대로 움직이는 달러의 특성을 포트폴리오의 안전판으로 삼아야 한다. 리밸런싱은 감정이 아닌 규칙에 따라 비중을 조절하는 과정이며, 달러 소득원 확보는 자산의 체질을 바꾸는 가장 강력한 수단이다.

많은 사람이 환율의 등락을 예측하는 데 에너지를 쏟지만, 투자는 방향을 맞히는 게임이 아니라 구조를 만드는 게임이다. 변동성이 큰 원화 자산에만 모든 운명을 거는 것은 대외 환경 변화에 내 자산의 향방을 온전히 맡기는 것과 같다.

이제는 단순히 숫자를 맞히려는 헛된 시도를 멈추고, 환율의 변동성을 내 자산의 안정성을 높이는 에너지로 전환하는 구조적 접근이 필요하다.

반대로 움직이는 자산이 있어야 계좌는 무너지지 않는다

환율 대응의 본질은 서로 반대로 움직이는 자산을 섞어두는 데 있다. 포트폴리오는 수익이 아니라 생존을 위해 설계해야 한다.

보통 국내 주식이나 부동산 같은 원화 자산은 경제가 불안해지면 가치가 하락하지만, 이때 달러 가치는 반대로 상승하는 경향이 있다.

이 원리를 일상적인 사례로 살펴보자. 어떤 사람이 10억 원의 자산을 모두 한국 주식과 부동산으로만 보유하고 있다고 가정하자. 위기가 닥쳐 원화 가치가 20% 하락하고 자산 가격도 20% 떨어진다면, 그의 실질적인 부는 순식간에 줄어든다.

하지만 자산의 일부를 달러로 나누어 가졌다면 상황은 달라진다. 원화 자산에서 손실이 발생할 때, 환율 상승으로 인해 달러 자산의 원화 환산 가치가 오르며 전체 계좌의 하한선을 지지해주기 때문이다.

환율은 맞히는 것이 아니라 이용하는 것이다. 한쪽 주머니에서 빠져나가는 돈을 다른 쪽 주머니에서 채워줌으로써 전체 부가 급격히 훼손되지 않게 균형을 잡는 것이 통화 분산의 실질적 목적이다.

이는 단순히 수익률을 높이려는 공격적 전략이 아니라, 어떤 경제적 폭풍우에도 자산의 실질 가치가 보존되도록 설계하는 방어적 장치다. 분산은 수익을 위한 것이 아니라, 생존을 위한 것이다.

효율적인 재설계의 핵심은 내 감정을 배제한 리밸런싱에 있다. 리밸런싱은 가격이 아니라 비중을 조절하는 행동이다.

환율이 미리 설정한 임계점을 돌파해 상승할 때는 가치가 높아진 달러 자산의 일부를 수익 실현해, 상대적으로 저렴해진 우량 원화 자산을 매입하는 기회로 삼아야 한다. 비쌀 때 팔고 쌀 때 사는 것은 감정이 아니라 규칙이다. 예를 들어 환율이 1,500원을 넘어서는 급등기에는 모두가 공포에 질려 주식을 팔지만, 달러 자산을 가진 투자자는 오히려 느긋하다. 비싸진 달러를 팔아 평소 눈여겨본 우량한 원화 자산을 헐값에 살 수 있는 '구매력'이 생기기 때문이다.

소득 통화가 바뀌면 자산의 성격이 바뀐다

현금이 없는 투자자는 공포에 팔고, 달러가 있는 투자자는 공포에 산다. 시장의 소음에 휘둘리지 않고 정해진 시스템에 따라 움직이는 기계적 태도만이 변동성 장세에서 마지막까지 자산을 지켜내는 비결이다.

보유한 자산의 평가 금액보다 더 중요한 것은 실제로 내 손에 쥐어지는 소득 통화의 종류다. 자산보다 중요한 것은 어떤 통화로 돈을 버느냐이다. 미국 배당주나 글로벌 플랫폼 수익처럼 주기적으로 달러가 유입되는 파이프라인을 구축해야 하는 이유가 여기에 있다.

소득 통화가 바뀌면 인생의 기준이 바뀐다. 만약 매달 1,000달러의 배당금을 받는다면, 환율이 1,200원에서

1,400원으로 오를 때 내 원화 소득은 120만 원에서 140만 원으로 늘어난다. 국내 물가가 올라 생활비 부담이 커져도, 환율 덕분에 늘어난 소득이 이를 상쇄해준다.

이렇게 달러 소득이 발생하는 구조를 갖추는 순간, 환율 상승은 내 자산을 갉아먹는 위협이 아니라 내 실질 소득의 가치가 높아지는 환경으로 변모한다.

이러한 통화 다변화는 투자자의 심리를 안정시켜 흔들림 없는 장기 투자를 가능하게 한다. 환율은 자산이 아니라 '현금 흐름'을 바꾼다.

단일 통화의 울타리를 벗어나 현금 흐름의 지도를 새롭게 그릴 때, 비로소 외부 환경에 흔들리지 않는 견고한 경제적 울타리가 완성된다.

환율을 이해하면 위기에서도 흔들리지 않는다. 환율을 이용하는 순간, 당신은 시장에 휘둘리지 않는다.

지정학적 리스크의 재해석
– 휴전국이라는 특수성이 환율에 반영되는 프리미엄

한반도의 지정학적 리스크는 원화 가치를 저평가시키는 '코리아 디스카운트'의 핵심 원인이다. 투자자는 원화 환율을 '경제+자본+지정학'의 합산으로 이해하고, 긴장 완화 여부를 자산 가치 재평가의 선행 지표로 삼아야 한다.

한국 환율은 경제보다 지정학에 먼저 반응한다. 원화 가치를 결정짓는 가장 거대한 변수는 경제 지표 밖에 존재한다. 바로 한반도가 처한 지정학적 리스크다.

원화 환율에는 항상 '코리아 리스크'가 포함되어 있다. 한국은 세계 10위권의 경제 대국임에도 불구하고, 선진국 경제와 신흥국 리스크를 동시에 가진 시장이다.

이러한 특수성 때문에 원화는 글로벌 시장에서 완전한 안전 자산으로 인정받지 못한다. 환율은 숫자가 아니라 국가에 대한 신뢰 점수이며, 국가의 '안전성 평가 표'다. 안보 환경은 원화 환율에 상시적인 할인율을 적용하게 만들며, 위기 시에는 자본 이탈을 가속화하는 결정적인 트리거로 작용한다.

글로벌 자산 운용사들의 포트폴리오에서 외국인에게 한국 자산은 '좋지만 오래 들고 가기 어려운 시장'이다. 코리아 디스카운트는 기업이 아니라 통화에 먼저 적용된다. 기업의 기술력이 뛰어나도 지정학적 불확실성이 자산의 담보 가치를 일시에 훼손할 수 있기 때문이다.

실제로 북한 관련 노이즈가 발생할 때마다 원화 가치가 민감하게 반응하는 것은 물리적 충돌 가능성보다 자본의 환금성에 대한 불안이 더 크기 때문이다.

원화는 평소에는 투자 대상이지만, 위기 때는 탈출 통로가 된다. 이러한 구조적 특성을 이해하지 못하면 원화 환율의 변동성을 단순히 수출 부진이나 금리 차이로 오독하기 쉽다.

안보 리스크가 만드는 '지정학적 세금'과 원화의 속도

글로벌 투자자가 한국 시장에 진입할 때 가장 먼저 계산하는 것은 위험 대비 수익률이다. 이때 한국의 지정학적 상황은 원화 자산의 매력도를 떨어뜨리는 비용, 즉 리스크 프리미엄으로 환산된다. 지정학 리스크는 항상 가격에 포함되어 있다.

북한의 도발이나 긴장 고조는 즉각적으로 CDS(신용부도스왑) 프리미엄을 높이고, 이는 곧 원화 매도세로 이어진다. 단순히 전쟁의 공포 때문이 아니라, 유사시 자본을 회수하기 어려울 수 있다는 리스크가 환율에 즉각 반영되는 것이다. 지정학 리스크는 천천히 쌓이고, 빠르게 터진다.

이러한 리스크는 평상시에도 원화 가치를 실제 체력보다 낮게 유지하는 구조적 장애물이 된다. 원화는 올라갈 때 느리고, 떨어질 때 빠르다. 한국의 경상수지가 흑자이고 외환 보유고가 충분함에도 환율이 특정 수준이하로 내려가지 않는 것은 시장이 이미 한반도의 불확실성을 가격에 선반영하고 있기 때문이다.

원화 환율에는 한국 경제의 실적뿐만 아니라 안보 비용이라는 '지정학적 세금'이 상시 부과되고 있다. 원화 자산 비중이 높을수록 환율 리스크는 필수 관리 대상이다. 이는 국가 신용 등급이 상향 조정되어도 원화가 기축통화 수준의 대우를 받지 못하는 결정적인 이유다.

위기 시 '현금화 대상'으로 돌변하는 자본 이탈의 메커니즘

글로벌 금융 위기가 닥치면 달러나 엔화는 안전 자산으로 분류되어 가치가 오르지만, 원화는 전형적인 위험 자산의 행보를 보인다.

원화는 안전 자산이 아니다. 이는 한국의 산업 구조가 탄탄함에도 불구하고, 지정학적 리스크가 있는 국가의 통화는 위기 시 가장 먼저 팔리는 통화이자 현금화 대상으로 인식되기 때문이다.

‘위기 → 외국인 매도 → 원화 환전 → 환율 급등’의 공식은 기계적으로 작동한다. 환율 급등의 절반은 경제가 아니라 자본 이탈이다. 환율 공부의 완성은 숫자 너머의 지도를 읽는 데 있다. 원화는 경제로 사고, 지정학으로 팔아야 한다.

안보 리스크의 고착화는 원화 가치의 만성적 저평가를 정당화하는 근거가 된다. 환율이 내려가려면 경제보다 긴장이 먼저 풀려야 한다. 투자자는 원화가 짊어진 지정학적 무게를 정확히 측정할 때 비로소 환율의 변곡점을 오독하지 않는 안목을 가질 수 있다.

환율 상승은 경제보다 자본 이탈의 신호다. 결국 한국 환율은 경제가 아니라 지정학까지 포함된 가격이다. 한반도를 둘러싼 역학 관계의 변화는 단순한 뉴스가 아니라, 내 자산의 가치를 결정짓는 가장 실질적인 경제 지표로 읽어야 한다.

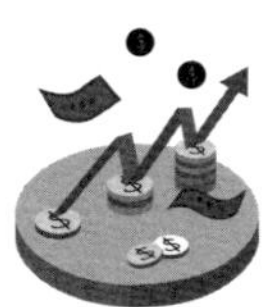

환율 투자의 성패는 가격을 맞히는 도박이 아니라 평균 단가를 조절하는 '시간의 기술'에 달려 있다. 고점 매수의 공포를 극복하기 위해서는 정해진 매뉴얼에 따라 기계적으로 움직이는 분할 매수 전략이 필수적이다.

달러는 하락장에서 자산을 지키는 방패인 동시에, 위기 시 가치가 솟구치는 강력한 레버리지 자산이다. 따라서 완벽한 타이밍을 기다리기보다 구간별 대응을 통해 비중을 확보하는 시스템을 먼저 구축해야 한다. 강달러가 정점을 찍고 약세로 반전되는 시기는 환차손의 위기가 아닌 자산 팽창의 기회다. 이때는 달러라는 정거장을 지나 나스닥 성장주, 금, 비트코인 등으로 자금을 옮겨 심어 유동성 파티의 과실을 따먹어야 한다.

결국 실전 환테크의 완성은 달러 ETF, RP, 발행어음 등의 도구를 활용해 잠자는 달러에 이자라는 엔진을 달고, 시스템으로 확정 수익을 만들어가는 지적인 실행력에 달려 있다.

5장

환율 레버리지

- 위기를 기회로 바꾸는 투자 기술

분할 매수 매뉴얼
– 가격이 아니라 시간을 사는 기술

달러 매수는 가격을 맞히는 도박이 아니라 평균 단가를 조절하는 '시간의 기술'이다. 고점 공포를 이기려면 설계된 매뉴얼에 따라 기계적으로 움직여야 한다. 구간별 대응으로 비중을 채우는 것만이 불확실한 시장에서 승리하는 유일한 길이다.

지금 달러를 사도 되냐는 질문은 틀렸다. 지금부터 나눠 사야 한다. 환율이 1,500원을 넘나드는 고점에 도달하면 대중은 공포에 질려 관망하지만, 고수는 이때부터 자신만의 매집 시스템을 가동한다. 최저점을 잡겠다는 욕심은 투자가 아니라 운에 맡기는 도박에 가깝다.

분할 매수는 가격을 예측하지 않고 시간을 분산하는 기술이다. 완벽한 타이밍을 기다리며 기회를 허비하기보다, 감당 가능한 평균 가격을 만들어가는 과정에 집중하는 것이 실전의 본질이다.

성공적인 환테크를 위해서는 '가격'이 아닌 '비중'에 집중해야 한다. 내 자산 포트폴리오에서 달러 비중이 전무하다면, 현재 환율이 얼마든 일정 부분은 즉시 확보해야 한다. 이후 환율이 요동칠 때마다 추가로 매집해 단가를 조절하는 전략이 필요하다.

시장의 소음에 흔들리며 매수 버튼 앞에서 주저하기보다, 설정한 진입 규칙을 묵묵히 수행하는 '수행자'의 자세를 갖추는 것이 부의 기회를 잡는 첫걸음이다.

고환율 파도를 넘는 3단계 분할 매수 규칙

실전에서 가장 효과적인 첫 번째 규칙은 '적립식 자동 매수'다. 환율과 상관없이 매월 정해진 날짜에 일정 금액을 달러로 바꾸는 방식이다. 이는 환율이 높을 때는 적게 사고, 낮을 때는 많이 사게 되는 효과를 극대화한다. 내 주관적 판단을 배제하고 시스템에 매수를 맡기는 순간, 고점 매수에 대한 심리적 압박에서 완전히 해방될 수 있다.

두 번째는 '구간별 하락 시 추가 매수' 전략이다. 기준점 대비 환율이 일정 비율(예: 2~3%) 하락할 때마다 평소 매수액의 배수를 투입하는 방식이다. 시장의 일시적 눌림목을 활용해 비중을 공격적으로 늘리면 전체 평균 단가를 시장 평균보다 유리하게 유지할 수 있다. 변동성을 위협이 아닌 '할인 이벤트'로 인식하는 관점의 전환이 필요하다.

세 번째는 '목표 비중 도달 시 대기' 원칙이다. 설정한 달러 비중(예: 20~30%)이 채워졌다면 추가 매수를 즉시 멈추고 관망해야 한다. 아무리 달러가 매력적이어도 과도한 쏠림은 또 다른 리스크를 낳는다.

달러 매수는 자산을 안전하게 배분하는 수단이지, 인생을 건 한판 승부가 아니라는 것을 명심해야 한다. 정해진 수치를 지키는 절제력이 자산의 지속 가능성을 결정한다.

환율 레버리지: 위기를 수익으로 바꾸는 운용법

달러를 보유한다는 것은 글로벌 하락장에서도 수익을 낼 수 있는 '인버스 포트폴리오'를 갖추는 것과 같다. 주식 시장이 폭락할 때 달러 가치는 대개 치솟는다.

이때 달러 자산의 원화 환산 가치는 급등하며 전체 자산의 하락을 방어하거나 오히려 플러스 수익을 창출한다. 달러는 나를 보호하는 방패인 동시에, 시장이 흔들릴 때 나 홀로 전진하게 만드는 강력한 레버리지다.

또한 매수 이후의 '운용'까지 설계해야 자본의 효율이 극대화된다. 달러를 단순히 현금으로 쥐고 있는 것은 자원을 놀리는 행위다. 외화 보통예금, 외화 RP, 혹은 달러 ETF 등 매수 즉시 이자나 배당이 발생하는 통로에 돈을 넣어두어야 한다.

달러가 환율 상승으로 수익을 내는 동안, 그 자체로도 이자를 낳는 '복리의 마법'을 결합하는 것이 진정한 환테크의 완성이다.

분할 매수는 큰 위기를 원천 차단하는 가장 강력한 통제 도구다. 내 돈을 시간이라는 안전판 위에 나누어 배치하는 순간, 환율의 파동은 위협적인 파도가 아니라 내가 올라타야 할 기류로 변한다.

완벽한 타이밍은 존재하지 않는다. 지금 시작한 사람만이 자신만의 유리한 평균 단가를 만들 수 있는 자격을 얻는다. 환율은 기다리는 사람에게 기회를 주지 않으며, 준비하고 대응하는 사람에게만 부의 결실을 허락한다.

달러 약세 반전 시
– 많이 오를 자산 리스트와 타이밍

달러가 꺾이는 순간, 진짜 수익이 시작된다. 강달러의 종료는 글로벌 유동성이 위험 자산으로 쏟아지는 신호탄이다. 환차손에 대한 공포를 버리고, 달러에 묶인 자금을 성장주와 신흥국 시장으로 옮겨 심어 자산 팽창의 기회를 선점해야 한다.

달러가 꺾이는 순간, 돈의 흐름은 바뀐다. 강달러가 정점을 찍고 하락하는 시기는 달러 보유자에게 환차손의 위기처럼 보이지만, 준비된 투자자에게는 자산 가치가 증가하는 축제의 서막이다.

달러 하락은 글로벌 유동성의 확산을 의미하며, 이는 곧 위험 자산의 강력한 상승 신호다. 이 흐름을 읽지 못하고 달러만 움켜쥐고 있는 것은 다가올 불장의 초대장을 스스로 거부하는 행위와 같다.

약달러 전환기에 가장 먼저 반응하는 곳은 글로벌 자본의 혜택을 직접 받는 기술주와 성장주다. 강달러 시기에 조달 비용과 환율 압박에 짓눌려 있던 기업들이 약세 전환과 함께 날개를 단다.

특히 해외 매출 비중이 높은 빅테크 기업들은 환산 이익이 급증하며 실적이 비약적으로 개선된다. 달러의 하락 폭보다 성장주의 상승 탄력이 훨씬 크기 때문에, 환율 변동에 대한 두려움보다 자산 가치 팽창에 대한 기대감이 앞서야 한다.

유동성 파티의 주인공: 자산 매수 우선순위와 타이밍

약달러 시대에 반드시 담아야 할 자산의 첫 번째 순위는 '나스닥 성장주'다. 달러 가치가 떨어지면 환차손이 발생하지만, 나스닥 지수의 상승률은 이를 압도하고도 남는다. 금리 인하 기대감이 동반될 때 기술주들의 가치가 재평가되는 과정을 즐겨야 한다.

환율 하락 수치에 일희일비하며 매도 버튼을 누르기 보다, 지수의 폭발적인 성장에 올라타는 배짱이 수익의 크기를 판가름한다.

두 번째 순위는 '원자재와 금'이다. 대부분의 원자재는 달러로 결제되기에 달러 가치가 하락하면 실물 자산인 원자재 가격은 상대적으로 치솟는다. 특히 금은 달러의 대체재 성격이 강해 약달러 국면에서 가장 안정적이고 큰 수익률을 기록한다.

세 번째 순위는 '한국 대형 수출주'다. 외국인 자금이 유입될 때 가장 먼저 담는 종목은 삼성전자나 현대차 같은 지수 대형주다. 이들은 환율이 안정될 때 수급의 최대 수혜를 입으며 주가를 견인한다.

가장 중요한 타이밍은 '금리가 꺾이고 달러가 꺾일 때'다. 미국의 인플레이션이 잡히고 금리 인하 신호가 퍼지기 시작하면 달러는 힘을 잃는다.

달러가 내려가기 '시작할 때'가 진짜 타이밍이다. 달러 인덱스가 주요 지지선을 깨고 내려오는 초기 국면이 바로 자산 배분을 실행해야 할 골든타임이다.

투자자들이 약달러 전환기에 범하는 큰 실수는 환차손이 무서워 달러를 투매하고 시장을 떠나는 것이다. 하지만 진정한 환테크는 달러로 수익을 내는 것만큼이나, 달러를 팔아 산 '다음 자산'에서 큰 수익을 거두는 것에 있다.

환차손 공포를 수익으로 바꾸는 역발상 전략

달러는 목적지가 아니라 더 큰 부를 향해 가기 위한 정거장일 뿐이다. 달러 가치가 5% 떨어지는 동안 갈아탄 주식이 20% 오른다면, 그 투자는 완벽한 성공이다.

또한 약달러는 전 세계 부채 부담을 줄여 글로벌 경기를 활성화시킨다. 이는 위험 자산에 대한 선호도를 높이고 시장의 변동성을 줄여준다. 평온한 시장에서는 현금을 쥐고 있는 것보다 자산에 투자되어 있는 것이 훨씬 유리하다.

달러라는 안전자산에서 나와 위험 자산의 과실을 따먹는 구간으로 진입했다는 것을 인정해야 한다. 공포가 가시고 탐욕이 고개를 들 때가 바로 수익의 극대화 지점이다.

달러가 정점을 찍고 내려오는 시기는 자산의 계급장이 바뀌는 골든타임이다. 달러가 꺾이면 기다리지 말고 갈아타라. 달러를 팔고 실물 자산을 사는 순간, 진짜 수익은 시작된다.

환율의 파동을 이용해 자산의 체급을 한 단계 높이는 자만이 뉴노멀 시대의 진정한 승자로 남을 수 있다.

미국 주식 투자자의 필승 전략
- 환율이 떨어져도 내 자산이 불어나는 마법

환율 하락은 손실이 아니라, 이미 받은 보험의 정산이다. 주가 폭락기에 환율 상승으로 자산을 지켰다면, 상승기에 환율이 내리는 것은 안전에 대한 당연한 대가다. 환율을 이기려 하기보다 변동성을 수용하는 인내가 결국 부의 크기를 결정한다.

환율 하락은 자산의 손실이 아니라, 이미 누려온 안전에 대한 비용을 정산하는 과정이다. 많은 투자자가 환율이 내릴 때 발생하는 수치상의 하락을 보며 불안해하지만, 정작 시장이 흔들릴 때 나를 지켜준 것이 달러였다는 사실은 쉽게 잊는다.

환율을 이기려 하기보다 그 변동성을 수용하는 인내가 결국 부의 크기를 결정한다.

환율과 주식의 관계는 사고가 났을 때 받는 보험금과

평소에 지불하는 보험료의 관계와 같다. 경제 위기가
닥쳐 주가가 급급락할 때 달러 환율이 치솟는 것은 위
기 상황에서 지급되는 보험금과 같은 역할을 한다. 주
식에서 발생한 손해를 환율 상승분이 메워주며 전체 자
산이 무너지는 것을 막아주기 때문이다.

환헤지는 위기 방어권을 스스로 포기하는 선택이다

실제로 과거 경제 위기나 팬데믹 당시 미국 주식은
폭락했으나 달러 가치는 수직으로 상승했다. 이때 환율
변동을 수용한 투자자는 원화 기준 자산 가치를 보존하
며 하락장의 공포를 이겨낼 수 있었다.

반대로 경제가 안정되어 주가가 오를 때 환율이 하락
하는 것은 그동안 누린 안전에 대해 치르는 당연한 비
용이다. 호황기에 주가 상승의 기쁨을 누리는 대신 환
율에서 일부 차익이 줄어드는 것은, 위기 때 내 재산을
보호해준 시스템을 유지하기 위한 일종의 수수료다.

세상에 공짜 안전은 존재하지 않는다. 주가가 폭락할 때 환율 덕분에 자산을 지켰다면, 상승기에 환율이 떨어지는 과정은 보안 시스템을 가동한 대가를 정산하는 자연스러운 경제 원리다.

환율 변동을 막기 위해 비용을 들여 환율을 고정하는 '환헤지'는 개인 투자자에게 오히려 독이 되기 쉽다. 이는 비가 올 때 받을 수 있는 보험금을 스스로 거부하는 것과 같다. 경제 위기로 주가가 떨어질 때 달러가 주는 '쿠션 효과'를 제거해버리기 때문이다.

비용 측면에서도 비효율적이다. 특히 한국과 미국의 금리 차이가 벌어질수록 헤지 수수료는 가파르게 상승하며, 이는 투자를 시작하기도 전에 일정 수준의 손실을 확정 짓고 들어가는 것과 다름없다.

성공한 투자자들은 환율의 작은 흔들림을 막기 위해 아까운 비용을 허비하지 않는다. 그 비용을 아껴 우량 자산을 한 주라도 더 사는 것이 장기적으로 유리하다는 사실을 알기 때문이다.

숫자의 착시를 넘어 우량 자산의 수량에 집중하라

환율이 내려간다는 것은 역설적으로 한국과 글로벌 경제가 회복되고 있다는 증거다. 경기가 좋아지면 기업 이익이 늘어나 주가는 환율 하락분보다 더 가파르게 오른다. 투자자는 환율이라는 작은 구멍을 메우려다 주가 상승이라는 큰 물줄기를 놓치는 우를 범해서는 안 된다.

환율 하락 구간에서 투자자가 확인해야 할 것은 평가 수익률이 아닌 '보유 수량'이다. 부자는 가격이 아니라 수량으로 부를 만든다. 주가가 10% 오르고 환율이 5% 내렸어도 계좌에는 여전히 수익이 남는다. 중요한 것은 내가 얼마나 많은 우량 기업의 지분을 가졌느냐이지, 오늘 환율이 얼마인가가 아니다.

또한 달러 배당금은 환율 변동성을 상쇄하는 훌륭한 완충제 역할을 한다. 매달 들어오는 배당금을 낮아진 환율로 재투자하면, 나중에 환율이 오를 때 복리 효과는 극대화된다.

우리 경제의 구조적 특성상 원화 가치가 영원히 강세로 갈 수는 없다. 지금 겪는 환율 하락은 일시적이며, 언젠가 다시 찾아올 위기의 순간에 달러는 다시 자산을 보호하는 든든한 방패가 되어줄 것이다.

내 돈을 지키는 최강의 복병
– 달러가 흔들릴 때 '금'과 '비트코인'을 사야 하는 이유

달러만 믿는 것은 자산을 위험에 노출하는 행위다. 무한 발행이 가능한 달러와 달리 금과 비트코인은 독보적 희소성을 지닌다. 금으로 자산을 수호하고 비트코인으로 가치를 키우는 삼각 편대만이 화폐 가치 하락 속에서 부를 보전하는 길이다.

달러가 흔들리는 순간, 준비되지 않은 자산은 무너진다. 아무리 달러가 강력한 기축통화라 해도 결국은 국가 신용에 기반한 종이 화폐에 불과하다. 1971년 금 본위제가 폐지된 이후, 달러는 가장 강한 화폐인 동시에 가장 쉽게 늘어나는 화폐가 되었다.

미국이 빚을 갚기 위해 달러를 무분별하게 찍어낼 때마다 당신의 구매력은 소리 없이 녹아내린다. 이때 자산의 실질 가치를 방어해주는 최강의 복병이 바로 금과 비트코인이다. 이들은 정부 정책에 좌우되지 않는 절대적 희소성을 바탕으로, 달러 신뢰가 흔들릴 때마다 전 세계 자본이 가장 먼저 도착하는 대피소 역할을 수행한다.

전통적인 안전 자산의 왕좌를 지켜온 금은 인플레이션의 가장 강력한 대항마로 손꼽힌다. 달러 인덱스가 하락하면 금값은 반대로 오르는 역상관 관계가 뚜렷하며, 이는 포트폴리오의 변동성을 낮추는 결정적인 열쇠가 된다.

특히 최근 전 세계 중앙은행들이 달러 의존도를 낮추기 위해 기록적인 속도로 금을 사들이고 있다는 점에 주목해야 한다.

달러가 흔들려 원화 가치가 불안해질 때 금을 보유한다는 것은, 전 세계 어디서든 즉시 가치를 인정받는 '글로벌 범용 보험'을 든 것과 같다. 역사적으로 증명된 금의 가치 보존 능력은 고환율 시대에 투자자가 반드시 곁에 두어야 할 필수 무기다.

위기 때마다 내 통장을 방어해줄 '황금 비율'의 기술

성공적인 자산 배분은 '달러-금-비트코인'의 삼각 편대를 구축하는 것에서 완성된다. 금은 방어하고 비트코인은 공격한다. 달러가 유동성을 책임진다면, 금은 거시경제 위기에서 자산을 지탱하고 비트코인은 높은 성장성으로 자산 가치를 키운다.

이들은 서로 다른 메커니즘으로 움직이기에 한쪽이 흔들릴 때 다른 쪽이 보충해주는 완벽한 균형을 이룬다.

특히 지정학적 리스크가 불거질 때 이 삼각 편대는 빛을 발한다. 전쟁이나 금융 시스템의 균열이 발생할 때, 사람들은 가장 먼저 달러를 찾고 그다음으로 금과 비트코인으로 숨어든다.

이 과정에서 발생하는 자산 가치의 상승은 내 포트폴리오가 무너지지 않게 지탱해주는 지지대가 된다.

최근 '디지털 금'이라 불리는 비트코인은 가치 저장의 새로운 패러다임을 제시하고 있다. 비트코인은

2,100만 개라는 확정된 발행량을 알고리즘으로 강제하기에, 중앙은행의 자의적인 정책으로부터 완전히 자유롭다. 4년마다 찾아오는 반감기는 공급량을 스스로 줄이며 시간이 갈수록 희소성을 높인다.

전체 자산의 3~5%만 배분해도 달러 약세 국면에서 자산 가치의 하락분을 상쇄하고도 남는 폭발력을 보여주는 이유다. 이제 비트코인은 투기가 아닌 자산 관리의 필수로 자리 잡았다. 전 세계 기관 투자자들이 포트폴리오에 비트코인을 담는 흐름을 살피며, 나만의 디지털 금고를 미리 설계해두어야 한다.

달러가 불안할수록 빛나는 역발상 투자 시나리오

달러 투자자에게 금과 비트코인은 '보험 위의 보험'과 같다. 달러 자산을 충분히 확보했다면 그다음은 달러 자체의 리스크를 분산하는 단계로 나아가야 한다. 미국 경기가 꺾이고 강달러의 시대가 저물 때, 금과 비트코인은 가장 강력한 우상향 곡선을 그린다.

달러 자산을 수익 실현한 자금을 이들 대체 자산으로 옮겨 심는 리밸런싱 전략은, 내 자산의 체급을 한 단계 높이는 신의 한 수가 된다.

이는 단순히 수익률을 높이는 작업이 아니라, 특정 국가의 화폐에 내 운명을 전적으로 맡기지 않겠다는 전략이기도 하다.

금이 묵직한 물리적 실체로 신뢰를 준다면, 비트코인은 전송과 보관이 편리한 디지털 시대의 가치 저장소다. 중요한 것은 '장기 보유의 원칙'이다. 이들은 단기적인 환차익을 노리는 단타 도구가 아니다. 환율이 조금 오르고 내리는 것에 일희일비하며 팔아치우는 실수를 범해서는 안 된다.

인류 역사가 증명한 금의 생명력과 미래 기술이 보증하는 비트코인의 희소성을 믿어야 한다. 한 번 포트폴리오에 편입했다면, 시대의 거대한 변화 속에서 내 부를 지켜줄 최후의 보루로 여기고 끝까지 함께 가야 한다.

“달러가 흔들릴 때 웃는 사람은, 이미 다음 자산을 가진 사람이다.” 환율 공부의 끝은 결국 달러조차 신뢰할 수 없는 순간을 대비하는 통찰로 이어진다.

금이라는 든든한 방패와 비트코인이라는 날카로운 창을 전략적으로 배치하라. 그 순간 당신의 자산은 그 어떤 어려움에도 쉽게 무너지지 않을 것이다.

달러 인덱스의 이면
– 달러 가치와 주요국 통화의 역상관관계 읽기

달러 인덱스는 미국 경제의 절대 지표가 아니라 주요국 통화 대비 상대적 순위를 나타내는 것이다. 투자자는 다른 나라가 무너져 발생하는 '나쁜 강달러'와 미국의 성장이 이끄는 '좋은 강달러'를 구분해야 하며, 유로와 엔의 바닥을 먼저 살피는 역발상적 안목이 필요하다.

달러는 혼자 오르지 않는다. 항상 상대가 있다. 많은 투자자가 달러 가치가 오르면 미국 경제가 강하기 때문이라고만 믿지만, 환율은 절댓값이 아니라 상대 순위다.

우리가 매일 확인하는 달러 인덱스(DXY)는 전 세계 주요 6개국 통화 대비 달러의 평균 가치를 지수화한 것이다.

달러 인덱스는 '미국 vs 나머지 세계'의 점수판이다. 즉 달러 인덱스가 상승한다는 것은 미국 경제가 독보적

으로 강해서일 수도 있지만, 반대로 상대방인 유럽이나
일본의 경제가 심각하게 위축되었기 때문일 수도 있다.
달러 인덱스는 미국의 힘이 아니라, 세계의 상대적 약
함을 보여준다.

환율은 항상 비교다. 절대 강함은 존재하지 않는다.
환율 시장은 단일 종목의 절대 가치가 상승하는 주식
시장과 달리, 누군가가 약해져야만 내가 강해질 수 있
는 상대 평가의 장이다. 따라서 달러 상승은 항상 상대
통화 하락과 함께 온다.

달러 인덱스를 움직이는 몸통, 유로화와 엔화의 역습

달러 인덱스를 읽는다는 것은 미국의 체력을 확인하
는 작업을 넘어, 전 세계 통화들이 맺고 있는 보이지 않
는 서열과 그 균열을 추적하는 과정이다. 달러 인덱스는
미국의 강함이 아니라 세계의 균형 붕괴를 보여준다.

달러 인덱스의 구성을 보면 왜 미국만 보면 절반만

본 것인지 명확해진다. 달러 인덱스의 절반은 사실상 유로화다. 유로화가 차지하는 비중은 약 57.6%에 달하며, 사실상 달러 인덱스는 달러와 유로의 거대한 힘겨루기 지수다.

유럽 중앙은행(ECB)의 통화 정책이나 유로존의 리스크는 미국 상황과 관계없이 곧바로 달러 가치에 반영된다. 유로화 가치가 급락하면 달러는 앉아서 가치가 오르는 반사적 강세를 누리게 된다.

다음으로 큰 비중을 차지하는 것은 일본 엔화(13.6%)와 영국 파운드화(11.9%)다. 이들 통화는 달러와 긴밀한 역상관관계를 맺으며 글로벌 자산 시장의 흐름을 조절한다. 예를 들어 일본이 의도적인 엔저 현상을 유지하면, 시장에서는 엔화를 팔고 달러를 사는 흐름이 강화되어 달러 인덱스를 밀어 올린다.

'달러 상승 = 미국 강함 + 타국 약함'의 합이다. 달러는 경쟁에서 이겨서 오르기도 하지만, 상대가 무너져서 더 자주 오른다.

투자자는 연준의 입만 바라볼 것이 아니라, 상대 통화 국들의 경제 체력과 행보를 동시에 살펴야 한다.

투자자는 달러가 오를 때는 이유를 둘로 나눠서 봐야 한다. 지금 달러는 왜 오르는가? 미국이 좋아서인가, 아니면 다른 나라가 더 나빠서인가? 좋은 강달러는 기회지만, 나쁜 강달러는 경고다.

좋은 강달러와 나쁜 강달러를 구분하는 법

미국의 혁신 산업이 성장하고 실질 금리가 높아지며 만들어진 강달러는 미국 시장으로의 자본 유입을 가속화하지만, 미국 경제도 좋지 않은데 타국 위기가 심각해져 오른 달러는 글로벌 유동성을 위축시키는 나쁜 강달러다. 남이 무너져서 오른 달러는 오래가지 못한다.

환율의 고점을 예측하는 안목은 여기에서 나온다. 달러는 가장 비쌀 때가 아니라, 상대 통화가 가장 쌀 때 만들어진다. 따라서 달러를 사고 싶다면, 먼저 유로와 엔의 바닥을 확인하라.

달러가 비싸서 팔아야 할 때를 고민하기보다, 상대 통화들이 반등할 제도적 신호가 있는지를 먼저 살펴야 한다. 좋은 강달러와 나쁜 강달러를 구분해야 시장의 변곡점을 포착할 수 있다.

결국 환테크의 본질은 달러를 보지 말고, 유로와 엔을 먼저 보는 것에 있다.

이제 실전이다!
– 잠자는 달러로 이자까지 챙기는 환테크 핵심 도구

단순 환전은 환테크의 절반에 불과하다. 고수는 환차익을 기다리는 동안 달러에 '이자'라는 엔진을 단다. ETF, RP, 발행어음 중 최적의 도구를 선택해 잠자는 달러를 깨워라. 시스템으로 버는 이자만이 환율 변동성을 확정 수익으로 바꾸는 최종 병기다.

달러를 단순히 통장에 묵혀두는 행위는 자본의 효율성을 스스로 깎아먹는 것과 같다. 아무리 유리한 환율에 달러를 확보했어도 그 돈이 쉬고 있다면 기회비용 측면에서 이미 손해를 보고 있는 셈이다.

진정한 환테크의 수익은 '환차익'이라는 시세 차익과 기다리는 시간 동안 쌓이는 '이자'라는 두 개의 기둥에서 완성된다.

환율이 오르기를 기다리는 지루한 시간조차 수익으

로 변환하는 시스템을 갖춰야 한다. 돈이 단 하루도 쉬지 않고 스스로 가치를 불리게 만드는 실전 도구들을 이해하고 활용하는 것이 핵심이다.

목적과 기간에 따른 최적의 달러 도구 선택법

우리가 활용할 수 있는 달러 운용 도구는 자금의 유동성과 수익성 사이에서 적절한 균형을 잡아야 한다. 우선 가장 기민하게 대응할 수 있는 도구는 '달러 ETF'다.

증권 계좌만 있다면 주식처럼 실시간 매매가 가능하며, 번거로운 환전 절차 없이 원화로 직접 달러 가치에 투자할 수 있다. 단기적인 환율 변동에 민감하게 반응하며 빠른 회전율을 원하는 투자자에게 적합하지만, 매매 차익에 대한 세금이 발생한다는 점은 반드시 고려해야 한다.

안정적인 이자를 중시한다면 '외화 RP(환매조건부채권)'가 효율적인 대안이다. 증권사가 보유한 안전한 채권을 담보로 이자를 지급하는 구조이기에 원금 손실 위험이 극히 낮다.

특히 수시형 RP는 입출금이 자유로우면서도 일반 예금보다 높은 금리를 제공하므로, 환율 상승을 기다리는 대기 자금을 운용하기에 적합하다.

자산 규모가 크거나 1년 이상의 장기 투자를 계획한다면 '외화 발행어음'이 유리하다. 대형 증권사가 신용으로 발행하며 외화 RP보다 대개 높은 금리를 제공한다. 약정 기간을 설정하면 고정된 고금리 혜택을 누릴 수 있어 달러를 묵직하게 굴리려는 투자자에게 최적의 효율을 선사한다.

수익률의 격차를 만드는 실전 운용 시스템

성공적인 환테크 시스템의 구축은 '자금에 이름표'를 붙이는 일에서부터 시작된다. 언제 쓰일지 모르는 비상금인지, 혹은 1년 뒤에 사용할 목돈인지에 따라 유동성

위주의 ETF나 수익성 중심의 발행어음 중 하나를 선택해야 한다.

이때 수익률에 가장 큰 영향을 미치는 변수는 금리 차이가 아니라 '환전 수수료'다. 아무리 높은 이자를 주는 상품이라도 비싼 수수료를 지불하고 환전했다면 실질 수익은 마이너스가 될 수 있다. 금융사별 우대 환율을 꼼꼼히 비교해 초기 비용을 통제하는 자가 결국 시장에서 승리한다.

또한 매수된 달러는 즉시 적합한 상품에 입금해 단 하루의 이자도 놓치지 말아야 한다. 자산 운용에 공백이 생기지 않도록 매수와 입금을 동시에 진행하는 습관이 필요하다. 목표 환율에 도달했다면 계획된 지점에서 과감하게 수익을 실현해 현금을 확보하는 냉정함도 갖춰야 한다.

마지막으로 발생한 환차익과 이자를 다시 원금에 투입하는 과정이 반복될 때, 자산은 시간이 갈수록 눈덩이처럼 커지는 복리 효과를 거두게 된다.

통화 분산을 넘어선 자본 효율의 극대화

환테크는 단순히 환율의 등락을 맞히는 기술이 아니라, 돈이 스스로 일하게 만드는 시스템이다. 이 시스템이 구축된 투자자에게 기다림의 시간은 고통이 아니라 이자가 쌓이는 즐거운 과정이 된다.

환율이 오르면 환차익을 얻어 좋고, 환율이 내리거나 정체되어도 이자 수익이 계좌를 채워주기 때문이다.

단일 통화의 울타리를 벗어나 달러라는 세계 표준 화폐를 소유하고, 그 화폐가 다시 이자를 낳는 구조를 만드는 것이 진정한 경제적 안보의 시작이다.

결국 환테크의 본질은 자산의 안전을 확보하면서도 자본의 효율성을 극대화하는 데 있다. 달러라는 안전자산을 확보했다는 안도감에 머물지 말고, 그 달러가 쉬지 않고 움직이며 새로운 부를 창출하도록 도구들을 적절히 배치해야 한다.

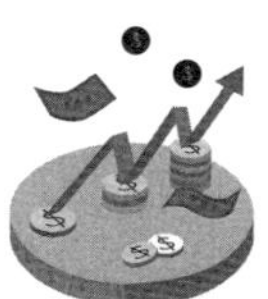

환율은 모든 자산의 출발점이자 자본주의의 흐름을 결정짓는 '돈의 중력'이다. 성공한 투자자는 매일 아침 달러 인덱스를 확인하며 전 세계 자본이 어디로 결집하고 어디에서 퇴각하는지 그 지도를 먼저 읽어낸다. 환율은 단순히 주가나 정책의 결과물이 아니라, 경제의 위기와 기회를 가장 먼저 타전하는 '선행적 원인'이기 때문이다.

환율의 변곡점을 포착하는 안목은 일상의 직구와 여행 지출을 전략적 투자로 바꾸며, 포트폴리오의 무게중심을 수출주와 내수주 사이에서 유연하게 이동시키는 힘이 된다.

무엇보다 자산의 20%를 반드시 외화로 보유하는 것은 생존을 위한 최소한의 안전장치다. 원화 자산의 가치가 무너지는 위기의 순간, 달러는 홀로 치솟으며 전체 자산을 방어하는 '자산의 방패' 역할을 수행한다.

결국 환율 공부는 변동성을 제거하는 기술이 아니라, 숫자의 이면에서 부의 지도를 그려내는 '환율 지능(FX IQ)'을 갖추는 과정이다. 이 날카로운 부의 무기를 손에 쥔 투자자만이 정보의 비대칭성을 해소하고, 거대한 경제적 폭풍 속에서도 흔들리지 않는 상위 1%의 자산가로 진화할 수 있다.

6장

환율 인사이트

- 내 삶의 격과 부의 크기를 바꾸는 법

'달러 인덱스'를 확인하는 습관
- 10년 뒤 부의 격차를 만든다

부자는 환율을 보고 선제적으로 움직이며, 대중은 뉴스를 뒤쫓는다. 달러 인덱스는 자본의 방향을 결정하는 핵심 지표다. 이 1분의 습관이 시장의 변곡점을 포착하게 하며, 10년 뒤 당신의 자산 체급을 결정짓는 큰 부의 차이를 만든다.

부의 격차는 정보의 양이 아니라 '먼저 보는 습관'에서 시작된다. 성공한 투자자의 아침은 포털 뉴스가 아닌 달러 인덱스 확인으로 시작된다.

대중이 이미 벌어진 결과인 주가 지수나 뉴스 헤드라인에 일희일비할 때, 고수들은 지표의 미세한 떨림을 통해 다가올 시장의 거대한 변화를 예감한다.

환율 흐름을 읽는 눈을 갖는다는 것은, 남들이 안개 속을 헤맬 때 홀로 고성능 내비게이션을 켜고 목적지를 향해 달리는 것과 같다.

매일 아침 달러 인덱스를 확인하는 행위는 단순한 숫자 점검을 넘어 사고의 틀을 확장하는 훈련이다. '달러 상승 → 자금 미국 이동 → 신흥국 자산 약세 → 원화 압박'으로 이어지는 흐름을 본능적으로 체득하게 만들기 때문이다.

이는 단순히 숫자를 외우는 것이 아니라, 전 세계 돈의 흐름이라는 거대한 생태계를 이해하는 과정이다.

돈의 지도를 그리는 법: 달러 인덱스라는 나침반

같은 정보를 접하더라도 시장보다 먼저 움직이는 사람이 모든 수익을 독점한다. 세상 모든 경제 활동은 결국 환율이라는 필터를 거쳐 우리 지갑으로 연결되며, 이를 매일 관찰하는 습관은 파편화된 정보를 하나의 돈줄로 엮어내는 힘을 발휘한다.

달러 인덱스는 유로, 엔, 파운드 등 주요 6개국 통화 대비 달러의 가치를 지수화한 것이다. 즉 전 세계 돈의 방향을 보여주는 단 하나의 숫자다.

인덱스가 상승한다는 것은 자본이 가장 안전한 피난처인 미국으로 모여들고 있다는 신호다. 반대로 인덱스의 하락은 자본이 수익을 찾아 전 세계로 흩어지고 있다는 것을 의미한다.

이 흐름만 제대로 파악해도 하락장에서 무모하게 베팅하거나, 상승장의 초입에서 겁먹고 후퇴하는 실수를 획기적으로 줄일 수 있다.

지표를 확인하는 것은 단순히 과거의 기록을 복기하는 것이 아니라, 다가올 미래의 시나리오를 미리 설계하는 능동적인 투자 행위다.

초보자들은 환율을 여행 갈 때 환전하는 비용으로만 보지만, 프로들은 이를 시장의 결과가 아닌 결과를 만드는 '선행적 원인'으로 활용한다.

주가나 부동산 가격은 이미 모든 정보가 반영된 후행지표에 가깝지만, 환율은 거시경제의 위기와 기회를 가장 먼저 타전한다.

매일 지표를 체크하며 나만의 데이터베이스를 구축하는 과정은 시장의 노이즈와 실질적인 시그널을 구분해내는 능력을 길러준다. 지표를 읽는 근육이 단단해질수록 전문가의 논평이나 타인의 조언에 휘둘리지 않는 확신이 생긴다.

또한 달러 인덱스는 상대적 가치의 산물임을 잊지 말아야 한다. 달러가 강해지는 이유가 미국의 기초 체력이 좋아서인지, 아니면 유럽이나 일본의 경제가 무너져서인지 그 이면을 파헤치는 습관을 가져야 한다.

일상을 바꾸는 환율 인사이트 : 부의 격을 높이는 기술

원/달러 환율과 대조하며 우리나라 경제의 현주소를 진단하는 감각까지 갖춘다면, 당신의 투자는 이미 글로벌 수준에 도달한 것이다.

이 습관이 일상에 뿌리 내리면 삶을 대하는 태도 자

체가 달라진다. 뉴스에서 흘러나오는 금리 결정이나 지정학적 분쟁이 더 이상 남의 나라 이야기가 아닌, 내 자산의 가치를 결정짓는 실질적인 변수로 체감되기 때문이다.

지적 호기심이 자산 가치와 결합될 때 공부의 효율은 극대화된다. 세상을 읽는 나만의 관점이 생기면 단순히 돈을 많이 버는 수준을 넘어 부의 격(格) 자체가 높아지는 경험을 하게 된다. 환율 인사이트는 일상의 사소한 선택들을 수익으로 치환하는 마법을 부린다.

또한 환율 습관은 자녀나 주변 사람들에게도 긍정적인 영향을 미친다. 아침마다 지표를 보며 세상의 흐름을 논하는 부모의 뒷모습은 그 어떤 경제 교육보다 강렬하다.

부의 대물림은 자산의 대물림이 아니라 세상을 읽는 눈의 대물림이다. 환율이라는 렌즈로 세상을 해석하는 능력을 물려주는 것, 그것이 진정한 자산가 가문이 갖춰야 할 최고의 유산이다.

남들이 잠에서 깨어 관성적으로 휴대폰 뉴스를 넘길 때, 당신은 글로벌 자본의 지도를 펼쳐라. 그 짧은 1분의 시간이 겹겹이 쌓여 당신의 부를 보호하고 키워주는 가장 단단한 지원자가 될 것이다.

부의 격차는 지능이나 운이 아니라, 바로 아침의 1분에서부터 벌어지기 시작한다.

'환율 변곡점' 포착법
– 직구와 여행에서 수익을 내는 기술

수수료에 집착하는 태도는 나무만 보고 숲을 놓치는 하수의 방식이다. 1%의 우대율 절감보다 5% 이상의 환율 흐름을 읽는 것이 자산 형성에 압도적으로 유리하다. 환율이 하락 추세로 전환되는 변곡점을 포착해 지출을 전략적 투자로 바꾸는 순간, 당신의 일상적 소비는 부를 키우는 강력한 무기가 된다.

수수료를 아끼는 사람은 돈을 절약하고, 환율을 아는 사람은 돈을 번다. 많은 사람이 은행 앱을 뒤져가며 소수점 단위의 우대율에 공을 들이지만, 정작 환율이라는 거대한 파도가 어디로 치는지에는 무관심하다.

환율 변동 폭은 수수료 우대 차이보다 최소 5배 이상 큰 변수다. 진정한 환테크는 은행 창구에서의 실랑이가 아니라, 시장의 흐름이 바뀌는 변곡점을 미리 읽고 최적의 타이밍에 달러를 확보하는 결단에서 완성된다.

해외 직구족에게 환율은 물건의 실질 가격을 결정하는 절대적인 잣대다. 달러 인덱스가 하락 추세로 돌아설 때를 기다려 결제 버튼을 누르는 사람은, 이벤트 할인 폭보다 더 큰 '환율 할인'을 덤으로 챙긴다.

지출을 수익으로 바꾸는 법: 소비의 타이밍을 지배하라

환율은 고정된 상수가 아니라 유동적인 변수이기에, 언제 사느냐에 따라 동일한 예산으로 손에 쥐는 가치가 달라진다. 같은 물건을 사도 환율을 읽는 사람은 자산화하고 모르는 사람은 소모한다.

환율의 고점과 저점을 가늠하는 습관은 지출의 효율성을 극대화하며, 남들이 비싸게 살 때 혼자만 저렴하게 취득하는 승리감을 선사한다.

직구와 여행에서 승리하는 비결은 '환율 시나리오'를 세우는 것이다. 단순히 현재 가격을 보는 것이 아니라 방향성을 예측하고 움직여야 한다.

미국의 금리 정책이나 경제 지표 발표를 살피며 금리 인하가 예상되는 시점이라면, 당장 급하지 않은 물건은 달러 약세를 기다려 결제하는 인내가 필요하다.

환율을 읽는 순간 지출은 비용이 아니라 수익 전략이 된다. 소비의 타이밍을 흐름에 맞추는 것만으로도 연간 고정 지출을 획기적으로 절감할 수 있으며, 이는 고스란히 재투자 원금이 된다.

많은 이들이 간과하는 것이 '카드 결제일의 환율'이다. 실제 환율은 결제 당일이 아니라 전표가 매입되는 며칠 뒤에 확정된다. 변동성이 극심한 구간에서는 결제 시점보다 매입 시점의 환율이 올라 손해를 보는 경우가 허다하다.

환율 변동성이 큰 시기에는 현지 통화 결제의 함정을 피하고, 미리 사둔 저렴한 달러 계좌에서 즉시 출금되는 '외화 결제 서비스'를 이용하는 것이 현명하다. 이미 확보한 달러를 소비에 활용하는 시스템을 갖추는 것, 그것이 수수료 우대보다 10배는 더 강력한 기술이다.

짠테크를 넘어 경제적 자유로 가는 소비 습관

일상의 소비를 환율과 연결하는 행위는, 뇌가 환율 움직임에 본능적으로 반응하게 만드는 최고의 훈련법이다. 생활에 필요한 달러를 저렴하게 확보하는 과정은 경제 위기에서 자산을 지키는 연습과 궤를 같이한다.

작은 돈을 아끼는 감각이 큰 돈을 지키는 근육으로 자라난다. 변곡점을 포착해 미리 환전하는 습관은 '평단가 낮추기' 전략의 실전판이다.

여행을 계획한 시점부터 환율이 저점을 찍을 때마다 나누어 매집하는 행위는 불확실성을 제거하고 확정된 비용으로 미래를 설계하는 태도다.

또한 환율 인사이트는 '어디로 갈 것인가'에 대한 답도 준다. 빅맥 지수나 글로벌 구매력 지수를 대조해 달러 대비 특정 국가의 통화가 유독 약세인 곳을 여행지로 택하면, 같은 예산으로도 훨씬 풍요로운 경험을 누릴 수 있다.

환율 격차를 이용해 삶의 질을 높이는 것은 환율 공부를 하는 사람만이 누릴 수 있는 지적인 사치다.

이는 단순히 저렴한 곳을 찾는 짠테크를 넘어, 자본의 이동 경로를 따라가며 삶의 효용을 극대화하는 투자적 삶의 태도다. 세상을 읽는 나만의 안경은 당신의 여권을 더 가치 있게 만들고 당신의 지갑을 더 두껍게 만든다.

"지출을 통제하는 사람이 아니라, 타이밍을 지배하는 사람이 부를 거머쥔다." 수수료 우대를 위해 은행을 전전하는 수고보다, 환율 지표를 1분 더 들여다보는 것이 훨씬 생산적이다. 소비는 세상의 흐름을 관찰하는 가장 직접적인 창구다.

환율로 읽는 주식 시장

– 수출주와 내수주 중 지금 무엇을 사야 할까?

개별 종목보다 환율 환경에 최적화된 업종을 선별하는 것이 우선이다. 환율은 기업의 성적표를 뒤바꾸는 가장 강력한 변수다. 상승기에는 달러 수익이 극대화되는 수출주를, 하락기에는 원가 절감 혜택을 누리는 내수주를 담아라. 환율 흐름에 맞춰 포트폴리오를 재구성하는 유연함이 시장을 압도하는 비결이다.

환율을 모르면 종목 선택의 절반은 틀린 것이다. 주식 투자자에게 환율은 기업의 내부 실적을 투명하게 비추는 '엑스레이'와 같다.

아무리 혁신적인 제품을 생산해도 환율이라는 거대한 파도가 어긋나면 공들여 쌓은 이익은 순식간에 증발한다. 반대로 환율이 우호적으로 움직이면 평범한 실적조차 '어닝 서프라이즈'로 화려하게 둔갑한다.

종목을 분석하기 전에 환율의 방향을 먼저 확인하라.

그 순서 하나가 당신의 수익률을 판가름한다.

기업의 이익 구조는 환율에 의해 좌우된다. 달러 가치가 오르면 수출 기업이 유리해지고, 달러가 내리면 내수 기업의 마진이 개선된다.

고환율 국면은 해외에서 달러를 벌어오는 수출 기업들에 강력한 엔진을 달아주며, 저환율 국면은 원재료 수입 비중이 높은 기업들에 축복이 된다.

돈의 흐름을 읽는 안목은 환율이라는 필터를 통해 어떤 기업의 지갑이 두꺼워질지 미리 간파하는 것에서 시작된다. 단순히 매출액의 크기를 보지 말고, 그 매출이 어떤 통화로 발생하며 비용은 어느 나라 화폐로 지불되는지 파악하는 정교함이 필요하다.

환율이 오를 때 웃는 기업: 수출주의 레버리지 효과

강달러가 지속될 때 가장 먼저 주목해야 할 곳은 자동차와 반도체 업종이다. 이들은 대한민국 수출의 중추

이자 환율 변동에 가장 탄력적으로 반응하는 집단이다. 환율이 10원만 상승해도 대형 수출 기업의 영업이익은 수천억 원씩 불어나는 마법을 부린다.

특히 '달러로 벌고 원화로 비용을 쓰는 기업'이 가장 강력한 수익을 낸다. 해외에서 제품을 팔아 달러를 수취하면서, 국내 공장에서 원화로 임금과 제조 원가를 지불하는 구조는 고환율의 수혜를 온전히 누리는 최적의 조건이기 때문이다.

주목할 점은 고환율이 선사하는 '가격 경쟁력의 우위'다. 환율 덕분에 달러 표시 가격을 낮추지 않고도 글로벌 시장 점유율을 높이거나, 가격을 유지하면서 원화 환산 마진을 극대화할 수 있다.

하지만 환율 상승이 에너지 및 원재료 가격 급등을 동반할 경우, 수출로 벌어들인 수익이 비싼 원료비로 상쇄될 수 있음을 경계해야 한다.

따라서 순수하게 환율 수혜를 입는 업종과 원가 부담이 동시에 커지는 업종을 구분하는 안목이 요구된다.

이익 구조가 환율 변동에 얼마나 기민하게 반응하는지 점검하는 습관이 필수적이다.

환율이 내릴 때 숨통이 트이는 기업: 내수주의 역습

원화 가치가 강세로 돌아서면 그동안 고환율에 억눌려 있던 항공, 음식료, 에너지 업종이 기지개를 켠다. 특히 항공사는 대규모 항공기 도입을 위해 막대한 달러 부채를 안고 있는 경우가 많다. 환율이 내리면 영업이익뿐 아니라 장부상 부채 규모가 줄어드는 재무적 수혜까지 동시에 누린다.

밀가루, 설탕 등 수입 원재료 비중이 압도적인 음식료 기업들 역시 원가 부담이 낮아지며 마진율이 가파르게 상승한다. 약달러는 이들에게 '원가 절감'이라는 확실한 보너스를 제공하며 주가 부양의 촉매제가 된다.

여기서 핵심은 '실질 구매력의 회복'이다. 환율이 안정되면 수입 물가가 진정되고, 이는 가계의 가용 소득

증가로 이어져 내수 소비 전반을 활성화한다. 유통업과 서비스업이 환율 하락기에 방어주 이상의 성과를 내는 이유다.

환율은 기업의 비용을 깎아주는 것을 넘어, 소비자들의 지갑을 열게 만드는 심리적 트리거 역할을 수행한다.

다만 주의할 점은 환율 하락의 속도다. 너무 급격한 하락은 국가 전체 수출 경쟁력을 훼손해 경기 침체를 부를 수 있으므로, 환율의 절대적인 수치보다 그 흐름의 '안정성'에 주목하는 지혜가 요구된다.

"환율이 바뀌면 투자 바구니도 교체해야 한다. 그것이 시장을 이기는 단순한 원칙이다." 무릎에서 사서 어깨에서 팔듯, 변곡점이 포착될 때 포트폴리오의 무게중심을 수출주에서 내수주로 서서히 옮겨야 한다.

자산 배분의 핵심
– 내 자산의 20%를 반드시 '외화'로 들고 있어야 하는 이유

원화만 보유한 자산 구조는 리스크에 올인한 상태나 다름없다. 자산의 20%를 외화로 분산하는 행위는 생존을 위한 최소한의 안전장치다. 위기 때 가치가 솟구치는 외화를 보유하는 순간, 당신의 포트폴리오는 비로소 어떤 풍파에도 흔들리지 않는 안보 체제를 갖추게 된다.

외화를 들고 있지 않다면, 당신은 이미 한쪽으로 기울어진 위험한 투자를 하고 있다. 대한민국에서 원화로만 자산을 보유하는 것은 우리 경제라는 배와 운명을 같이 하는 도박과 다름없다.

우리나라는 대외 의존도가 높은 구조적 특성 때문에 글로벌 경제에 작은 균열만 생겨도 원화 가치가 가장 먼저 타격을 입는다.

내가 가진 아파트와 주식 가치가 하락할 때 환율까지

치솟으면 실질 구매력은 순식간에 붕괴된다. 내 자산의 20%를 달러로 채워야 하는 이유는 더 많이 벌기 위해서가 아니라, 어떤 위기에서도 '살아남기' 위해서다.

외화 자산은 자산 배분의 핵심인 '음의 상관관계'를 가장 완벽하게 증명한다. 내 자산이 무너질 때 홀로 올라가는 자산이 반드시 있어야 하며, 하락장에서 나를 살리는 그 자산이 바로 외화다.

위기 때마다 내 통장을 방어해줄 '20%의 마법'

국내 주가가 폭락하는 공포의 순간에 달러 가치는 반대로 치솟으며 전체 자산의 하락폭을 상쇄하는 닻 역할을 충실히 수행한다.

위기가 닥쳤을 때 급등한 달러를 팔아 헐값에 나온 우량 자산을 줍는 것을 역발상 투자라고 한다. 이 같은 투자는 오직 외화를 미리 확보해둔 사람만이 누리는 특권이다. 이는 단순한 방어를 넘어, 위기를 기회로 치환하는 자산가들의 핵심 전략이기도 하다.

자산 배분의 본질은 모든 달걀을 원화라는 불안한 바구니에 담지 않는 것이다. 우리가 소비하는 에너지와 원자재가 모두 달러 결제 기반임을 고려할 때, 원화로만 저축하는 행위는 구매력 방어 포기 선언이나 다름없다.

20%만 바꿔도 자산의 성격이 완전히 달라진다. 환율이 안정적일 때 조금씩 외화 비중을 높여가는 기민함이 당신의 노후를 결정짓는다.

20%는 단순한 숫자가 아니라 당신의 자산을 지탱하는 최소한의 자산 안보 라인이다. 이 비중은 통계적으로 포트폴리오의 전체 변동성을 낮추면서도 기대 수익률을 훼손하지 않는 최적의 지점으로 평가받는다.

많은 이들이 환율이 낮을 때만 달러를 사려 하지만, 정액 적립식으로 모으는 것이 정석이다. 환율의 고점을 맞추려 애쓰기보다 매달 일정 금액을 외화로 치환해 평균 단가를 낮추는 전략이 훨씬 유효하다.

시간이 흐를수록 쌓여가는 달러는 내 전체 자산의 변

동성을 낮춰주는 완충제가 된다. 시장이 흔들려도 평온을 유지할 수 있는 배짱은 바로 이 20%의 외화 방패에서 나온다.

특히 부동산 비중이 압도적인 한국 가계의 특성상, 현금성 자산 내에서의 통화 분산은 선택이 아닌 생존의 문제로 직결된다.

부의 사다리를 지탱하는 최후의 자산 안보

결국 외화 보유의 본질은 자산 가치의 글로벌 동기화에 있다. 세계 최고의 기업들이 달러로 가치를 증명하듯, 내 자산의 일부도 기축통화의 가치와 연결되어 있어야 한다. 환율 공부의 최종 목적지는 차익 실현이 아니라, 이 시스템의 구축이다.

내 자산의 20%가 달러로 채워지는 순간, 당신의 경제적 체급은 이미 로컬 투자자를 넘어 글로벌 투자자로 진화한다. 흐름에 휘둘리지 않고 흐름을 이용하는 단계에 접어드는 것이다.

이는 대외 변수에 취약한 원화 자산의 치명적 약점을 보완하고, 전 세계 어디서든 통용되는 실질적 구매력을 확보하는 유일한 길이다.

자산 배분은 가장 평화로운 시기에 전쟁을 준비하는 행위다. 환율이 안정적이고 세상이 조용할 때 묵묵히 외화 비중을 채워 넣어야 한다.

정작 위기가 닥치고 환율이 치솟을 때는 누구나 달러를 원하지만, 그때는 이미 너무 비싸거나 쉽게 구할 수 없는 상태가 된다.

남들이 원화 예금 금리 소수점에 목을 맬 때, 당신은 글로벌 통화 분산을 통해 자산의 체질을 개선하라. 그것이 하수와 고수를 가르는 결정적 차이다.

20%의 외화는 당신을 깨어 있는 투자자로 들어주는 최고의 도구이며, 거대한 경제적 어려움 속에서도 좋은 기회를 포착할 수 있게 하는 강력한 부의 수호신이 될 것이다.

"달러를 가진 사람은 위기 속에서도 기회를 보고, 원화만 가진 사람은 공포 속에서 길을 잃는다." 지금 외화를 사지 않는 사람은 위기 때 반드시 비싸게 사게 된다.

내 자산 현황을 점검하고 그중 단 5%라도 먼저 달러로 바꿔보라. 그 작은 시작이 20%라는 견고한 경제적 안전판을 쌓는 첫 시작이 될 것이다.

 최소한의 환율 공부

– 날카로운 '부의 무기'를 갖는 것

환율은 모든 자산의 출발점이자 돈의 중력이다. 숫자의 이면에 숨겨진 흐름을 읽는 순간, 세상은 막연한 공포가 아닌 기회의 장으로 변모한다. 환율은 위기를 예고하고, 기회를 선점하게 돕는 유일한 지표다. 이 무기를 쥔 당신은 이제 돈의 방향을 결정하는 상위 1%의 투자자로 거듭난다.

환율을 모르면 돈의 흐름을 모르는 것이다. 우리가 발을 딛고 선 자본주의 세상에서 돈의 움직임을 결정하는 근본적인 원동력은 결국 환율에서 나오기 때문이다. 많은 이가 주가나 정책이라는 결과에 매몰될 때, 환율을 공부하는 당신은 그 현상을 일으키는 '보이지 않는 손'의 실체를 보게 된다.

환율이라는 렌즈로 세상을 바라보는 순간, 어제까지는 보이지 않던 부의 지도가 눈앞에 선명하게 펼쳐진다. 이는 단순히 환전 타이밍을 잡는 수준을 넘어, 글로벌 자본이 어느 국가의 가치를 높게 평가하고 어디에서 자금을 회수하는지, 그 거대한 생태계를 조망하는 안목을 갖게 됨을 의미한다.

부의 격차는 지능이 아니라 세상을 읽는 '도구'의 차이에서 발생한다. 부자는 환율로 움직이고, 대중은 뉴스로 움직인다.

뉴스를 보는 사람은 이미 벌어진 일을 뒤쫓지만, 환율을 보는 사람은 돈이 어디로 퇴각하고 어디로 결집하는지를 남보다 먼저 간파한다.

환율은 그 어떤 경제 지표보다 기민하고 정직하게 세상의 위기와 기회를 예고하는 예언서와 같다. 이 통로를 지켜보는 습관은 당신을 정보의 수혜자가 아닌, 시장의 해석자로 만든다.

정보의 비대칭성이 해소되는 지점에서 진정한 초과수익이 발생하며, 그 시발점은 언제나 환율이라는 사실을 잊지 마라.

환율 공부의 진정한 가치는 예측할 수 없는 미래를 대비하는 힘에 있다. 세상은 끊임없이 변하지만, 돈이 움직이는 원칙은 변하지 않는다.

강한 화폐로 자본이 쏠리고 약한 화폐에서 자본이 탈출하는 단순한 원리를 이해하는 것만으로도 당신은 상위 1%의 통찰을 갖게 된다.

지표의 숫자가 바뀌는 순간, 누군가는 공포에 질려 도망치지만, 준비된 당신은 그 숫자가 가리키는 부의 목적지를 향해 담대히 발을 내딛는다. 이러한 '환율 지능(FX IQ)'은 변동성이라는 파도 위에서 균형을 잡게 해주는 가장 강력한 중심추가 된다.

이 안목은 당신을 글로벌 자산가로 진화시킨다. 환율을 알면 투자 대상은 한국이 아니라 세계가 된다. 더 이상 좁은 시장에 갇혀 일희일비할 필요가 없다. 환율을 도구로 삼으면 전 세계가 당신의 투자처가 되고, 전 세계 화폐가 당신의 자산이 된다.

엔화가 저렴할 때 일본의 우량 자산을 확보하고, 달러가 강세일 때 미국의 배당주를 모으는 유연함은 환율 지능이 높은 사람만이 누릴 수 있는 특권이다. 이는 특정 국가의 경제적 리스크에 내 운명을 전적으로 맡기지 않겠다는 선언이자, 전 세계 부의 성장을 내 통장에 동기화하는 영리한 전략이다.

환율, 평생을 함께할 부의 나침반

이제 당신은 환율이라는 나침반을 들고 자본주의라는 거대한 숲으로 들어간다. 남들이 뉴스 헤드라인에 흔들릴 때 당신은 숫자의 본질을 뚫어보며 평정심을 유지하라. 환율 공부는 단순히 돈을 다루는 기술을 넘어, 삶을 대하는 태도를 바꾼다.

불확실한 미래를 확신으로 바꾸고, 막연한 희망을 정교한 전략으로 치환하는 과정 자체가 당신의 격을 높여

줄 것이다. 지적 호기심이 자산의 증식으로 연결되는 선순환은 당신의 삶을 더욱 풍요롭게 가꾸어준다.

나아가 환율을 이해하는 것은 개인의 '글로벌 구매력'을 방어하는 유일한 수단이다. 우리가 사용하는 에너지, 식재료, 기술 서비스는 모두 환율이라는 관문을 통과해 가격이 결정된다.

환율을 공부한 당신은 단순히 원화 잔고가 늘어나는 것에 안주하지 않고, 내 자산이 전 세계에서 어느 정도의 실질적 가치를 지니는지 끊임없이 질문하며 대응하게 된다. 이 깨어 있는 감각이 바로 당신과 대중을 가르는 결정적 변수가 된다.

환율은 배신하지 않는다. 당신이 환율에 쏟은 시간과 관심은 반드시 압도적인 수익과 자산의 안전이라는 결과로 되돌아올 것이다.

시장이 아무리 요동쳐도 당황하지 마라. 당신에게는 이미 세상을 읽는 가장 날카로운 부의 무기가 손에 쥐어져 있다. 그 무기를 믿고, 당신이 설계한 시나리오대로 담대하게 나아가라.

환율을 읽는 사람만이 결국 돈의 방향을 결정한다. 환율을 보는 순간, 당신은 더 이상 평범한 투자자가 아니다. 이제 당신의 자산은 그 어떤 경제적 어려움 속에서도 흔들리지 않고 안정적으로 성장할 것이다.

환율은 모든 투자의
시작이자 끝이다

이 책의 마지막 장을 덮는 순간, 당신은 이전과 전혀 다른 눈으로 세상을 보게 된다. 과거에는 해외여행 갈 때나 챙기던 단순한 숫자들이, 이제는 전 세계 부의 이동을 알리는 신호로 들리기 시작했을 것이다.

주식, 부동산, 코인 같은 모든 재테크는 결국 환율이라는 거대한 설계도 위에서 움직인다. 이 본질을 깨닫는 순간, 당신의 투자는 국내 시장에 갇히지 않고 글로벌 체급으로 진화한다.

환율이라는 파동은 멈추지 않으며 시장은 끊임없이 우리를 시험에 들게 한다. 하지만 이제 당신은 파도의 높이에 겁먹고 도망치는 방관자가 아니다. 흐름을 읽고 그 힘을 이용할 줄 아는 능동적인 설계자다.

단순히 아는 것에 그치면 파편화된 정보일 뿐이지만, 확신을 가진 실행과 결합하면 내 재산을 지키는 견고한 전략이 된다. 당신이 이 책에서 얻은 지식은 기술적인 기법이 아니라, 어떤 풍랑 속에서도 길을 찾아가게 돕는 정교한 나침반이다.

자산의 20%를 달러로 채워 생존을 확보하라

자산 배분은 평화로운 시기에 다가올 전쟁을 준비하는 일이다. 모두가 낙관적인 전망에 취해 원화 자산을 불리는 데만 몰두할 때, 조용히 외화 비중을 높여둔 사람만이 진짜 위기에서 기회를 잡는다.

전체 자산의 20%를 달러로 보유하는 행위는 포트폴

리오에 천연 에어백을 장착하는 것과 같다. 원화 가치가 급락하고 공포가 시장을 덮칠 때, 숏구치는 달러를 쥔 사람만이 여유롭게 다음 사냥감을 고를 수 있다.

남들이 겁에 질려 우량 자산을 헐값에 던질 때, 당신은 오히려 최고의 기회를 선점하는 특권을 누린다. 이것이 자본주의의 생리를 이해한 사람만이 누리는 보상이며, 화폐라는 보이지 않는 구속에서 벗어나 진정한 자본 권력을 손에 넣는 유일한 길이다.

공부한 자만이 얻는 이 평온함은 세상에서 가장 값진 배당금이다. 이제 당신은 환율의 일시적 요동에 흔들리지 않는, 격이 다른 투자의 평원을 걷게 된다.

자녀에게 물려줄 최고의 유산은 돈을 읽는 안목이다

부의 진정한 대물림은 통장 잔고를 넘겨주는 것이 아니라, 세상을 해석하는 안목과 태도를 전수하는 것이다. 자녀에게 주식 몇 주나 아파트 한 채를 사주는 것보다,

매일 아침 지표를 확인하며 경제의 기류를 느끼는 '환율 지능(FX IQ)'을 가르치는 것이 훨씬 중요하다.

현금은 시스템의 변화에 따라 언제든 사라질 수 있지만, 돈의 흐름을 짚어내는 나침반은 대를 이어 부를 일구는 영구적인 엔진이 되기 때문이다.

당신의 손에는 세상을 읽는 가장 날카로운 무기가 쥐어져 있다. 환율이라는 파도를 두려워하지 말고, 그 위에 올라타 바다를 건너는 서퍼처럼 당당히 나아가라. 당신은 이제 소음에 휩쓸리는 평범한 투자자가 아니라, 자신만의 부를 구축하는 위대한 설계자다.

환율 공부는 세상에 대한 깊은 이해와 나 자신에 대한 확신으로 마침표를 찍는다. 이 지적인 여정이 10년 뒤 당신 가족의 삶을 어떻게 바꿔놓을지 설레는 마음으로 지켜보길 바란다.

환율은 단순히 국가 간 화폐의 교환 비율을 넘어, 자본주의 체제에서 돈의 움직임을 결정하는 가장 강력한 '돈의 중력'이다. 전 세계 부의 흐름은 기축통화국인 미국의 연준(Fed)이 결정하는 금리와 유동성 정책에 따라 요동친다.

연준이 금리를 올리는 긴축 국면에서는 달러 가치가 상승하는 강달러 현상이 나타나며, 위기가 닥치면 자본은 생존을 위해 안전자산인 달러로 회귀해 환율의 오버슈팅을 일으킨다.

성공적인 투자자는 뉴스라는 결과에 매몰되지 않고, 달러 인덱스와 역외환율이라는 나침반을 통해 시장의 심리를 먼저 간파한다.

결국 환율 공부의 본질은 변동성을 제거하는 것이 아니라, 환노출과 환차익의 원리를 이해해 위기 속에서 부의 도약을 이뤄내는 지적인 자생력을 갖추는 데 있다. 환율이라는 필터를 거칠 때, 개인의 자산은 비로소 글로벌 시장에서 통용되는 진짜 가치를 갖게 된다.

최소한의 환율 공부를 위해
꼭 알아야 환율 경제 용어 50

PART 1. 환율의 기초와 체계

1. 환율(Exchange Rate)

환율은 한 나라의 화폐가 다른 나라의 화폐와 교환되는 비율이자 외국 돈의 '단가'다. 시장에서 사과 한 개를 1,000원에 사듯, 달러라는 상품 한 개를 사기 위해 지불하는 원화의 양을 의미한다. 환율 상승은 달러 가격이 비싸졌음을 뜻하며, 이는 원화 가치가 떨어졌다는 '평가절하'와 같은 맥락이다.

환율은 단순한 여행 경비의 문제를 넘어 국가의 수출 경쟁력과 수입 물가, 국내외 자본의 이동 방향을 결정하는 거시 경제의 강력한 중력이다. 개별 자산에 투자하기 전 반드시 환율이라는 바다의 물때를 읽어야 하는 이유가 여기 있다. 환율은 모든 경제 활동의 필터이자 자산 가치를 재정의하는 기준점이다.

2. 달러 인덱스(DXY)

미국 달러의 세계적 위상을 보여주는 절대적 지표다. 유로, 엔, 파운드 등 주요 6개국 통화와 비교해 달러의 가치를 산출한다. 1973년 가치를 100으로 기준 삼아 이보다 높으면 달러가 전 세계적으로 강세임을, 낮으면 약세임을 뜻한다.

달러 인덱스 상승은 전 세계 자본이 안전한 피난처인 미국으로 회귀하고 있다는 강력한 신호다. 이는 원/달러 환율뿐 아니라 금, 원유 등 원자재 가격과 신흥국 증시의 향방을 결정하는 '돈의 나침반'과 같다. 투자자라면 뉴스 헤드라인보다 달러 인덱스의 미세한 등락을 먼저 확인하는 습관을 지녀야 한다.

3. 기축통화(Reserve Currency)

국제 금융 거래와 무역 결제에서 표준으로 통용되는 중심 통화다. 현재는 미국 달러가 압도적 지위를 차지하고 있다. 기축통화국은 화폐를 발행하는 것만으로 전 세계 자원과 노동력을 구매할 수 있는 '발권력'이라는 막강한 권력을 행사한다. 위기 시 전 세계 자본이 생존을 위해 가장 먼저 회귀하는 최후의 안전지대이기도 하다.

개인 투자자에게 기축통화 보유는 단순히 외화를 저축하는 수준을 넘어, 로컬 경제 리스크로부터 자산을 분리해 글로벌 경제 시스템에 직접 탑승시키는 행위다. 환율 공부의 목적은 자산 일부를 기축통화의 가치와 동기화해 부의 영속성을 확보하는 데 있다.

4. 매매기준율

금융기관이 고객에게 외화를 사고팔 때 적용하는 수수료가 포함되지 않은 순수한 환율이다. 은행이 외환 시장에서 달러를 구해온 '도매 원가'로 이해하면 정확하다. 포털 사이트에서 검색되는 환율이 바로 이 수치다.

다만 실제 환전 시에는 이 기준율에 은행의 마진인 수수료가 붙은 가격을 지불하게 된다. 투자자가 자신의 환차익을 정확히 계산하려면 실시간으로 변하는 매매

기준율을 지표로 삼아야 한다. 기업의 수출입 계약이나 외화 자산 가치 평가 시에도 이 숫자가 회계적 기준이 된다. 시장의 실제 가격과 개인이 지불하는 소매 가격을 구분하는 안목이 환율 공부의 첫걸음이다.

5. 역외환율(NDF)

한국 외환 시장이 문을 닫은 밤 사이 뉴욕이나 싱가포르 등 해외에서 거래되는 원/달러 환율이다. 정식 명칭은 '차액결제선물환'으로, 외국인 투자자들이 바라보는 우리 경제의 실시간 온도계와 같다.

역외 시장은 국내보다 규제가 적어 글로벌 이벤트에 기민하게 반응한다. 밤사이 미국 증시가 폭락하거나 지정학적 위기가 발생했을 때 역외환율의 움직임을 보면 다음 날 아침 국내 시장이 받을 충격을 미리 가늠할 수 있다. 성공한 투자자들은 잠들기 전과 잠에서 깨어난 직후 이 수치를 확인하며 시장의 심리 변화를 읽어낸다. 이는 정보의 시차를 극복하는 필수 도구다.

6. 고정환율제

  정부가 환율을 특정 수치에 인위적으로 고정하는 제도다. 환율 변동에 따른 불확실성이 사라져 기업의 무역 계약이나 외화 부채 관리가 안정적이라는 장점이 있다. 과거 우리나라도 이 제도를 채택했으며, 현재도 홍콩 등이 달러에 가치를 고정하는 '페그제'를 운용 중이다.

  하지만 시장 수급을 무시하고 환율을 유지해야 하므로 위기 시 막대한 외환보유고가 필요하다. 만약 시장 압력을 견디지 못하고 고정 환율이 무너질 경우 국가 경제는 걷잡을 수 없는 혼란에 빠진다. 이는 경제 기초체력이 약한 국가가 감당하기에는 매우 위험한 양날의 검이다.

7. 변동환율제

  정부 개입 없이 시장 수요와 공급에 따라 환율이 매일 자유롭게 결정되는 제도다. 경제 체질 변화나 대외 충격을 환율이 즉각 반영해 흡수하므로 국가 경제의

'자동 온도 조절 장치' 역할을 수행한다. 예를 들어 국내 경제가 어려워지면 환율이 자연스럽게 올라 수출 경쟁력이 생기고, 이를 통해 경기가 회복되는 선순환 구조를 만든다.

다만 단기 변동성이 크면 환차손 리스크와 금융 시장 불안을 초래할 수 있다. 현재 우리나라는 이 제도를 채택하고 있으며, 투자자는 이 변동성이라는 파도를 타는 서퍼가 되어야 한다. 환율의 움직임을 공부하는 과정은 곧 시장의 자정 원리를 이해하는 길이다.

8. 스프레드(Spread)

은행에서 외화를 살 때 가격과 팔 때 가격의 '차이'를 의미한다. 즉 금융기관이 환전 서비스를 제공하고 가져가는 운영 비용이자 마진이다. 살 때는 1,400원인데 되팔 때 1,360원을 받는다면 그 차액인 40원이 스프레드다. 환테크 수익은 환율 변동 폭이 이 스프레드보다 커야 발생한다.

따라서 우대율에 일희일비하기보다 은행별 기본 스
프레드 자체가 얼마나 합리적인지 따져봐야 한다. 거래
규모가 커질수록 이 비용은 무시할 수 없는 수준이 되
며, 이를 최소화하는 경로를 찾는 것이 자산가들의 환
전 기술이다. 스프레드는 투자자가 넘어야 할 첫 번째
문턱이자 비용 관리의 핵심 지표다.

9. 우대율

은행이 정한 스프레드(수수료)에서 얼마만큼을 할인
해 줄 것인지 나타내는 비율이다. '환전 우대 90%'라면
은행이 가져갈 수수료 100원 중 90원을 깎아주고 10원
만 받겠다는 뜻이다. 디지털 뱅킹의 발달로 주요 통화에
대해 높은 우대율을 제공하는 서비스가 보편화되었다.

소액 환전에서는 차이가 미미할 수 있으나, 억 단위
달러를 운용하는 자산가에게 우대율 10%의 차이는 수
백만 원의 수익 차이로 직결된다. 스마트한 투자자는
발품보다 모바일 앱의 환전 지갑을 활용해 높은 우대율

을 선점한다. 우대율 확보는 투자의 시작점에서 비용이라는 적을 제거하는 전략이다.

10. 기초 통화(Base Currency)

환율 표기 시 기준이 되는 통화로 통상 앞에 위치한다. 원/달러 환율(USD/KRW)에서는 달러가 기초 통화다. 이는 '1달러를 얻기 위해 몇 원을 지불해야 하는가'를 나타내는 구조다. 따라서 환율 숫자가 상승한다는 것은 기초 통화인 달러의 가치가 우리 돈에 비해 상대적으로 강해졌음을 뜻한다. 반면 유로/달러(EUR/USD) 환율에서는 유로가 기초 통화가 된다.

전 세계 환율 표기의 중심이 무엇인지 파악하는 것은 글로벌 자금의 상대적 가치를 이해하는 기본이다. 기초 통화를 구분해야만 뉴스에서 말하는 '환율 상승'이 특정 통화의 강세인지 약세인지를 혼동하지 않고 해석할 수 있다.

11. 평가절상(Appreciation)

특정 통화의 가치가 다른 통화에 비해 상대적으로 상승하는 현상이다. 원화가 평가절상되면 원화의 힘이 세졌다는 의미이며, 원/달러 환율은 하락한다. 지금처럼 변동환율제 하에서는 시장 수요가 공급보다 많아져 가치가 오르는 상황을 포괄한다.

평가절상 시에는 수입 물가가 낮아져 장바구니 물가가 안정되고, 해외 직구 가격이 저렴해지는 혜택이 있다. 반면 수출 기업은 달러를 원화로 바꿀 때 쥐는 돈이 줄어들어 가격 경쟁력이 약화된다. 투자자는 평가절상 시기에 내수 소비주나 외화 부채가 많은 항공주 등에 기회가 있음을 간파해야 한다.

12. 평가절하(Depreciation)

특정 통화의 가치가 상대적으로 떨어지는 현상으로 원/달러 환율이 상승하는 상황을 의미한다. 원화 평가절하는 시장에서 원화 인기가 시들해졌거나 달러 위상이 압도적으로 높아졌음을 시사한다. 이 경우 수출 기업의 실적은 개선되지만, 국민 전체로 보면 해외 물품을 비싸게 사야 하므로 실질 구매력이 감소한다.

특히 에너지와 원자재 수입 비중이 높은 우리나라 구조상 과도한 평가절하는 물가 상승을 부추기는 트리거가 된다. 자산 관리 측면에서 평가절하는 원화 자산의 글로벌 가치가 하락하고 있다는 신호다. 이때 미리 확보해 둔 달러는 자산 하락을 방어하는 강력한 방패가 된다.

13. 강달러(Strong Dollar)

미국 달러 가치가 다른 주요 통화 대비 높은 상태를 유지하는 현상이다. 단순히 환율 수치가 높은 것을 넘어 전 세계 자본이 미국 경제의 성장성이나 높은 금리를 쫓아 달러로 결집하고 있다는 흐름을 보여준다.

강달러 국면이 지속되면 전 세계 자산 가격은 하락 압박을 받는다. 모든 자산이 달러로 가격이 매겨지는데 달러 가치가 비싸지면 상대적으로 주식, 금, 부동산 가격이 낮아 보이는 착시와 실질적 조정이 동시에 일어나기 때문이다. 강달러는 미국인에게 값싼 수입품을 누릴 기회를 주지만, 달러 빚이 많은 신흥국에는 이자 부담을 폭증시켜 경제 위기의 불씨가 되기도 한다.

14. 약달러(Weak Dollar)

달러 가치가 다른 통화들에 비해 상대적으로 낮아지는 현상이다. 미국 금리가 하락하거나 경기 침체 우려로 자본이 다른 국가로 빠져나갈 때 주로 발생한다. 약달러 국면이 오면 전 세계 금융 시장에는 온기가 돈다. 달러 가치가 낮아지니 상대적으로 주식이나 원자재 같은 위험 자산의 가격이 상승하기 때문이다. 특히 수출 의존도가 높은 한국 증시는 약달러 시기에 외국인 자금이 유입되며 강한 반등을 보이는 경향이 있다.

다만 약달러가 심화되면 미국 경제 기초 체력에 대한 의구심을 낳아 불확실성으로 번질 수 있다. 투자자는 이 시기에 환율이 낮아진 틈을 타 달러 비중을 다시 채우는 역발상 전략을 구사해야 한다.

15. 킹달러 / 갓달러(King Dollar)

달러 강세가 일반적 수준을 넘어 독보적 위상을 떨치는 현상이다. 세계 경제 위기 공포가 엄습하거나 연준이 공격적으로 금리를 올릴 때 유로화나 엔화조차 힘을 쓰지 못하고, 달러만 홀로 치솟는 상황을 일컫는다. 이 시기에는 '달러 외에는 믿을 것이 없다'는 공포 섞인 신뢰가 시장을 지배한다. 킹달러는 글로벌 자본 시장의 질서를 재편하며 신흥국 자본 유출 비상을 부른다.

준비된 자에게는 환차익이라는 보상을 주지만 원화에만 올인한 이들에게는 자산 가치가 무너지는 고통의 시간이 된다.

16. 오버슈팅(Overshooting)

환율이 시장 예상이나 적정 수준을 초과해 단기간에 폭등하거나 폭락하는 발작적 현상이다. 예상치 못한 경제 위기나 전쟁 발생 시 참여자들의 공포나 탐욕이 한꺼번에 쏠리며 발생한다. 환율은 한번 방향을 잡으면 관성에 의해 적정선에서 멈추지 않고 더 멀리 나아가는 성질이 있는데, 이때 발생하는 비이성적 구간이 오버슈팅이다.

이는 가장 위험한 동시에 큰 기회의 구간이다. 공포에 질려 꼭대기에서 달러를 사는 우를 범해서는 안 되지만, 오버슈팅이 진정될 때를 기다려 우량 자산을 줍는 용기가 필요하다. 환율 기상도에서 오버슈팅은 곧 폭풍우가 정점에 달했음을 알리는 신호다.

17. 환율 변동성(Volatility)

일정 기간 동안 환율이 얼마나 빠르고 넓게 움직였는지를 나타내는 척도다. 변동성이 크다는 것은 시장에 확신이 없고 불안감이 팽배하다는 뜻이다. 기업 경영에는 큰 어려움을 주어 실물 경제 활력을 저해하는 요인이 되지만 투자자에게 변동성은 수익의 원천이다. 잔잔한 호수에서는 파도를 탈 수 없듯 환율이 요동쳐야 저점 매수와 고점 매도의 기회가 생기기 때문이다.

다만 변동성을 다루려면 정교한 리스크 관리가 뒷받침되어야 한다. 환율 공부의 본질은 변동성을 제거하는 것이 아니라 변동성을 내 편으로 만드는 능력을 기르는 데 있다.

18. 지지선(Support Line)

환율 하락 중 특정 수준에 도달하면 하락을 멈추거나 반등하는 지점이다. 시장 참여자들이 '이 정도면 충분히 싸다'고 판단해 대기 매수세가 유입되는 심리적 마지노선이다. 지지선은 환테크에서 매우 중요한 매수 타점이 된다. 적립식 투자자라면 지지선 근처에서 비중을 과감하게 늘리는 전략을 취할 수 있다.

만약 지지선이 허무하게 무너진다면 우리 경제 신뢰도가 격상되었거나 달러 가치가 구조적으로 꺾였음을 의미하므로 새로운 환율 대역 진입을 준비해야 한다는 신호로 해석해야 한다.

19. 저항선(Resistance Line)

환율 상승 중 특정 수치에 이르면 매물이 쏟아지며 상승이 억제되는 지점이다. '여기까지 오르면 너무 비싸다'거나 '정부 개입이 나올 때가 되었다'는 공감대가 형성되는 구간이다.

저항선은 환차익 실현을 원하는 투자자에게 최적의 매도 타이밍을 알려주는 이정표가 된다. 만약 강력한 저항선을 뚫고 올라간다면 심각한 위기나 패러다임 변화를 의미하는 '돌파' 신호로 보고 새로운 시나리오를 가동해야 한다. 숫자의 이면에 숨은 시장의 심리적 벽을 읽는 안목이 필요하다.

20. 변곡점(Turning Point)

환율의 장기적 추세가 반전되는 결정적 지점이다. 연준의 정책 기조가 바뀌는 '피벗(Pivot)' 시점이나 국가적 위기 해결 시 발생한다. 변곡점을 미리 읽어내는 것은 불가능에 가깝다.

하지만 환율 수치가 과거 평균에서 너무 멀어져 있거나 경제 지표들이 상충하는 신호를 보낼 때 다가오고 있음을 짐작할 수 있다. 이때는 기존의 관성을 버리는 용기가 필요하다. 모두가 공포에 질려 달러를 외칠 때 조용히 수익을 실현하는 사람만이 환율의 고수가 될 수 있다.

21. 연준(Fed, Federal Reserve System)

미국의 중앙은행 제도로 전 세계 자본주의의 심장부와 같다. 금리 조절을 통해 전 세계 달러의 양과 가격을 통제하며 주식, 부동산 등 모든 자산 가격에 영향을 미친다. 사실상 '지구의 중앙은행'이다. 연준의 목표인 물가 안정과 고용 극대화를 위해 휘두르는 무기가 '금리'다.

환율 공부의 80%는 연준의 입을 살피는 일이다. 돈줄을 죄느냐 푸느냐에 따라 환율의 물줄기가 바뀌기 때문이다. 투자자에게 연준은 두려운 대상인 동시에 반드시 그 흐름에 올라타야 할 거인이다.

22. FOMC(Federal Open Market Committee)

연방공개시장위원회의 약자로 연준의 통화 정책을

결정하는 최고 의사결정 기구다. 연 8회 열리는 회의에서 미국의 기준금리가 결정된다. 회의 직후 성명서와 의장의 기자회견은 전 세계 금융 시장이 숨죽여 지켜보는 순간이다. 성명서의 단어 하나에 따라 시장은 연준의 향후 행보를 점치며 환율을 재평가한다.

특히 분기별로 발표되는 '점도표'는 미래 환율의 향방을 알려주는 지도와 같다. FOMC는 전 세계 자산 가격의 재조정이 일어나는 변곡점이므로 이 일정을 체크하는 것은 환테크의 기초 체력이다.

23. 기준금리(Base Rate)

중앙은행이 시장에 보내는 강력한 신호이자 돈의 '값'이다. 미국의 기준금리가 오르면 달러라는 물건의 값이 비싸지는 것이므로 환율은 상승 압력을 받는다. 반대로 금리가 내리면 달러가 흔해져 가치가 하락한다.

금리는 자본을 끌어당기는 자석 같아서 금리가 높은 곳으로 유동성이 몰리며 환율 변동을 일으킨다. 투자자는 기준금리의 절대적 수치보다 앞으로 '더 올라갈 것인가' 혹은 '멈출 것인가'라는 방향성에 집중해 환율의 미래를 읽어야 한다.

24. 금리 역전(Interest Rate Inversion)

국내 기준금리보다 미국의 기준금리가 더 높아지는 현상이다. 자본은 이자를 더 많이 주는 곳으로 이동하므로 한국 시장의 자금이 미국으로 빠져나갈 가능성이 커진다. 이 과정에서 원화를 팔고 달러를 사려는 수요가 늘어 환율은 상승한다.

금리 역전은 자본 유출 방지와 내수 경기 침체 사이에서 고민을 깊게 만든다. 투자자에게 금리 역전 구간은 환율의 하방 경직성이 강해지는 시기다. 즉 환율이 쉽게 떨어지지 않는 환경이므로 외화 자산 비중을 유지해야 할 강력한 근거가 된다.

25. 양적 완화(QE, Quantitative Easing)

금리가 바닥이라 더 내릴 수 없을 때 중앙은행이 시장에 직접 돈을 찍어 뿌리는 경기 부양책이다. 달러 유동성이 공급되면 달러 가치는 하락하고 환율은 내려간다. 양적 완화는 자산 가격 폭등을 부르는 '돈의 파티'와 같지만, 지나치면 화폐 신뢰를 떨어뜨리고 인플레이션을 초래한다.

투자자에게 양적 완화의 시작은 자산 투자의 적기를 알리는 신호탄이나 그 끝은 환율 변동성이 극도로 커지는 위험 구간 진입을 의미한다.

26. 양적 긴축(QT, Quantitative Tightening)

양적 완화의 정반대 개념으로 중앙은행이 보유 채권을 팔아 시중의 돈을 회수하는 과정이다. 달러를 흡수해 없애는 것이므로 달러 가치는 오르고 환율은 상승 압력을 받는다. 양적 긴축은 '파티의 종료'를 알리는 경보와 같다. 위험 자산에서 돈이 먼저 빠져나가 안전한 달러로 회수된다.

이 시기에는 달러의 절대량이 줄어 환율이 민감하게 반응한다. 투자자는 유동성의 힘으로 올랐던 자산들이 제자리를 찾아가는 과정에서 달러라는 무기를 쥐고 기회를 기다려야 한다.

27. 테이퍼링(Tapering)

중앙은행이 양적 완화의 속도를 서서히 줄여가는 조치다. 수도꼭지를 갑자기 잠그면 시장이 쇼크를 받을 수 있으니 물줄기를 조금씩 줄이는 과정이다. 긴축으로 가는 첫 관문이자 시장에 보내는 '예방 주사'다.

테이퍼링 소식이 들리면 시장은 미래의 달러 부족을 선반영해 환율을 미리 올리기 시작한다. 이를 '긴축 발작'이라 부르기도 한다. 테이퍼링은 환율 기상도에서 맑은 날이 끝나고 구름이 끼기 시작함을 알리는 첫 번째 징후다.

28. 매파(Hawkish)

물가 안정을 최우선으로 금리 인상과 긴축을 선호하는 강경 입장을 비유한다. 인플레이션을 잡기 위해 고금리라는 발톱을 휘두른다. 연준 내 매파적 발언이 쏟아지면 시장은 금리 인상을 예견하며 환율을 밀어 올린다.

매파는 경제 거품을 제거하지만 자산 시장에는 찬물을 끼얹는 불청객이기도 하다. 매파가 득세하는 시기는 달러의 전성시대이며, 원화 자산 가치가 도전받는 시기다. 이들의 발언 하나하나가 환율 차트의 캔들을 그려나가는 붓이 된다.

29. 비둘기파(Dovish)

매파의 반대로 경제 성장과 고용 확대를 위해 저금리와 완화 정책을 선호한다. 평화의 상징 비둘기처럼 돈을 풀어 경기를 부양하려 한다. 비둘기파적 발언이 우세하면 금리 인하 기대감에 달러 가치는 하방 압력을 받고 환율은 안정된다.

자산 시장은 비둘기파를 사랑하지만 정책이 너무 길어지면 인플레이션을 낳는다. 투자자에게 비둘기파는 환율이 낮아질 때 달러를 저렴하게 매집할 수 있는 기회를 주는 고마운 존재다.

30. 구두 개입(Verbal Intervention)

외환 당국이 환율이 비정상적으로 움직일 때 직접 개입하기 전 "예의주시하고 있다"는 메시지로 시장을 진정시키는 심리전이다. 정부의 공식 입장만으로 투기 세력은 움츠러들고 환율은 일시적으로 브레이크가 걸린다.

강력한 구두 개입은 현재 환율이 정부의 '임계점'에 도달했다는 신호다. 이는 단기 저항선으로 작용하므로 추격 매수를 멈춰야 할 타이밍이다. 정부의 입은 때로 수조 원의 외환보유고보다 강력한 힘을 발휘한다.

31. 환차익(FX Gain)

환율 변동으로 발생하는 시세 차익으로 환테크의 직접적 목적이다. 1,300원에 산 달러가 1,400원이 되면 100원의 이익을 얻는다. 직접 환전 시 개인 투자자에게는 비과세 혜택이 있어 절세 전략으로도 훌륭하다.

다만 단순히 운에 맡기는 것이 아니라 저평가 구간에서 매집한 인내의 보상이다. 자산 일부를 달러로 보유하는 것만으로 원화 가치 하락 위기를 수익 기회로 바꿀 수 있다.

32. 환차손(FX Loss)

환율 하락에 따라 보유 외화 자산의 원화 가치가 감소하는 손실이다. 고환율 시기 공포에 질려 달러를 샀다가 환율이 하락할 때 발생한다.

이를 방어하는 법은 분할 매수와 장기 보유다. 환율은 회귀 본능이 있으므로 평단가를 낮추며 대응해야 한다. 또한 달러는 전 세계 어디서나 통하는 강력한 현금이므로 환차손 발생 시 원화로 바꾸지 않고 미국 주식 투자나 외화 예금으로 운용하며 기회를 엿볼 수 있다.

33. 환헤지(Currency Hedge)

환율 변동 리스크를 사전에 차단하기 위해 환율을 미리 고정해두는 계약이다. 상품명 뒤의 '(H)' 표시가 이를 뜻한다. 환헤지를 하면 순수하게 투자 자산의 가격 변동에만 수익률이 결정된다.

다만 '보험료'에 해당하는 환헤지 비용을 지불해야 하며 한·미 금리 차가 클수록 비용은 높아진다. 환율 상승기에는 환차익 기회를 놓치게 만드는 족쇄가 될 수 있으므로 시장 국면을 살피어 결정해야 한다.

34. 환노출(Currency Unhedged)

환율 변동 리스크를 피하지 않고 그대로 받아들이는 방식이다. 증시 폭락과 같은 위기 시 안전자산인 달러 가치는 급등하므로, 환노출 투자는 주가 하락분을 환율 상승분이 상쇄해주는 '천연 에어백' 역할을 한다. 자산 배분 관점에서 환노출은 포트폴리오의 변동성을 낮추고 위기 시 수익을 극대화하는 핵심 기술이다.

35. 달러 RP(환매조건부채권)

증권사가 보유 달러 채권을 담보로 투자자에게 일정 금리를 약속하고 파는 상품이다. '달러 단기 정기예금'으로 이해하면 쉽다. 은행 예금보다 금리가 높고 수시 입출금식도 있어 달러를 단기로 굴리기에 최적이다.

환율 상승을 기다리는 동안에도 달러 이자가 쌓이므로 기회비용을 줄여준다. 안정성이 높고 잠자는 달러에 수익을 더해주는 실전 도구다.

36. 달러 ETF(상장지수펀드)

환율 움직임을 추종하는 펀드를 주식 시장에서 실시간으로 거래하는 상품이다. 직접 환전의 번거로움과 수수료를 줄일 수 있다. 환율 하락 시 수익이 나는 '인버스', 2배 수익을 노리는 '레버리지' 등 선택폭이 넓다.

다만 운용 보수가 발생하고 매매 차익에 대해 세금이 부과될 수 있다는 점을 고려해야 한다. 외환 시장의 역동성을 주식처럼 누리는 도구다.

37. 달러 발행어음

초대형 증권사가 신용을 바탕으로 발행하는 단기 금융 상품이다. 달러 RP보다 금리가 조금 더 높은 편이며, 목돈을 일정 기간 묶어두고 확정 수익을 얻고 싶을 때 유용하다. 환율 상승에 따른 환차익에 시중 금리보다 높은 달러 이자까지 챙길 수 있어 일석이조의 효과를 낸다. 자산 체급을 높이고 싶은 투자자의 포트폴리오에 필수적인 핵심 상품이다.

38. 외화 보통예금

은행에서 접하는 가장 대중적인 달러 통장이다. 입출금 통장과 구조는 같으나 들어 있는 돈이 달러다. 저점 매수 적립식 투자에 최적화되어 있으며, 예금자 보호와 환차익 비과세 혜택이 장점이다. 모은 달러를 해외 주식 계좌로 보내거나 여행 시 인출할 수도 있어 활용도가 높다. 환율 공부의 시작은 단돈 10달러라도 직접 환전해보는 실행에 있다.

39. 환전 수수료(Exchange Commission)

외화를 사고팔 때 발생하는 실질적 비용이다. 은행마다 채널마다 수수료율이 천차만별이므로 90% 우대라는 말보다 실제 매매기준율 대비 지불액을 확인해야 한다. 수수료 절감은 수익률 향상과 직결된다. 환율이 오르기를 기다리는 것보다 수수료가 저렴한 경로를 찾는 것이 훨씬 확실한 수익 확보 전략이다.

40. 해외 직접투자(Overseas Investment)

직접 달러를 들고 해외 주식이나 부동산에 투자하는 행위다. 환율 공부의 최종 단계다. 단순히 환차익만 노리는 수동적 방식을 넘어 세계 우량 자산을 보유함으로써 자산 질을 근본적으로 바꾸는 과정이다. 특정 국가의 리스크로부터 내 자산을 분리해 글로벌 성장에 동기화하는 능동적인 부의 축적 방식이다.

41. 경상수지(Current Account Balance)

한 나라가 해외 거래로 벌어들인 돈과 지불한 돈의 차이를 나타내는 성적표다. 흑자라면 국내 달러 공급이 풍부해져 환율 하락 압력을 받는다.

경상수지는 환율의 장기 방향성을 결정하는 근본 펀더멘털이다. "흑자 폭 축소" 소식은 환율 상승 환경이 조성되고 있다는 신호로 읽어야 한다.

42. 무역수지(Trade Balance)

상품의 수출입 차이만 나타내는 지표다. 우리나라 같은 수출 국가에 환율을 움직이는 즉각적 동력이 된다. 적자 전환 시 달러 공급 부족 공포로 환율이 치솟는다. 에너지 가격 폭등 시 무역적자는 원화 가치를 떨어뜨리는 주범이다.

43. 엔저 현상(Weak Yen)

일본 엔화 가치가 유독 낮아지는 상태다. 한국 수출 기업 경쟁력에 타격을 주기도 하지만, 투자자에게는 엔저 시기에 일본 우량 자산을 선점할 기회의 문이다. 달러 외의 분산 투자 효과를 주며, 향후 일본 금리 인상 시 환차익까지 노릴 수 있다.

44. 캐리 트레이드(Carry Trade)

금리가 낮은 국가에서 돈을 빌려 금리가 높은 국가 자산에 투자해 차익을 노리는 수법이다. 평화로울 때는 자산 가격을 올리지만 위기 시 자금이 본국으로 급격히 복귀하며 환율 폭등과 시장 붕괴를 초래한다. 거대 자본의 이동 경로를 추적하는 일은 환율 발작 대비에 필수다.

45. 안전자산 선호(Risk-off)

불확실성이 커질 때 위험 자산을 팔고 달러, 금 등 안정적 자산으로 도망가는 심리다. 이 현상은 달러 수요

를 폭발시켜 환율을 수직 상승시킨다. 지혜로운 투자자
는 낙관론이 지배할 때 달러를 확보해 위기 시 환율 상
승을 수익으로 즐긴다.

46. 위험자산 선호(Risk-on)

경기 회복기나 금리 안정 시 수익을 위해 주식 등 위
험 자산으로 이동하는 현상이다. 달러 인기가 식으며
환율은 하락한다. 이 시기 외국인 자금 유입은 주가 상
승과 환율 하락의 시너지를 낸다. 낮아진 환율을 이용
해 달러 비중을 조절하는 유연함이 필요하다.

47. 빅맥 지수(Big Mac Index)

빅맥 가격을 달러로 환산해 각국 통화 구매력을 비교
하는 지표다. 같은 물건은 어디서든 같은 가격이어야
한다는 원리에 근거한다. 복잡한 공식 없이도 현재 환
율이 '상식적 수준'인지 가늠하게 돕는다. 과도하게 쏠
린 시장에서 중심을 잡게 해주는 나침반이다.

48. **구매력 평가**(PPP, Purchasing Power Parity)

환율이 결국 각 나라의 물가 수준에 의해 결정된다는 이론이다. 장기적으로 환율은 이 지점으로 회귀한다. 단기 금리 차에 매몰되지 않고 고수들이 '장기적 적정가'를 계산하는 기준이다. 현재 환율의 거품을 걷어내고 본질 가치를 보게 하는 필터다.

49. CDS **프리미엄**(Credit Default Swap Premium)

국가 부도 위험에 대한 보험료 성격의 지표다. 수치 상승은 글로벌 시장이 한국 경제를 위태롭게 본다는 뜻이며 환율 폭등을 부른다. 환율 상승의 원인이 달러 강세 때문인지 국내 위험 때문인지 구분해주는 위험 경보등이다.

50. **캐리 트레이드 청산**(Unwinding)

투자 자금이 급격히 회수되며 시장 급락과 해당 통화 가치 폭등이 일어나는 현상이다. 거대 자본의 사슬이 풀리며 거품이 터지는 순간을 의미한다.